ARTE MODERNA

UMA INTRODUÇÃO

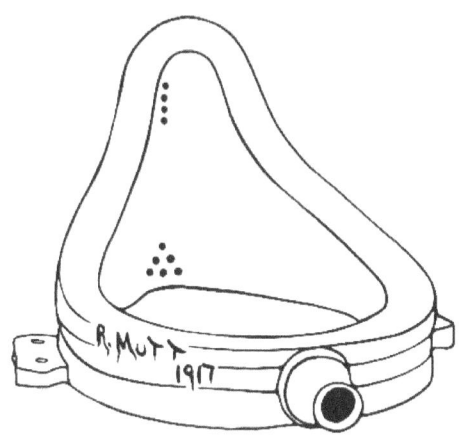

Edvaldo Carvalho

Copyright © 2022 Edvaldo Carvalho

Arte – Arte Moderna – História da Arte – Pintura

Imagem da capa: Versão estilizada de "A Dança , de Matisse" – Domínio público

1ª edição, 2022

ISBN
9798434901130

Selo editorial: Independently published / ENC pub.

Dedicatória

Dedico este trabalho á minha esposa, minha família, colegas de trabalho que me apoiam e àqueles que foram meus professores da Universidade Federal do Amapá.

ÍNDICE

Introdução

Nota inicial do autor

Sobre vanguardas

De Brunelleschi a David

Impressionismo

Expressionismo/ Fauvismo

Pós-Impressionismo & Pontilhismo/Divisionismo

Cubismo

Futurismo

Dadaísmo

Surrealismo

Abstracionismo(s)

Neoplasticismo

Suprematismo & Construtivismo

Bauhaus

Nota final e referências

SOBRE O AUTOR

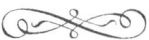

Introdução

Nota inicial do autor

Foram inúmeras as mudanças artísticas no final do século XIX e no decorrer do século no XX geradas pelo avanço da tecnologia, pelas intrigas políticas e ideológicas e pelas mudanças de valores no Velho Mundo. Para analisar as experimentações artísticas das várias vertentes do Modernismo, deve-se considerar observações teórico-analíticas que determinem que, nesta diversidade de tendências e vanguardas, os limites fronteiriços traçados pela História da Arte devem ser frequentemente reexaminados. Sabe-se que analisar obras de um número reduzido de artistas, como faz-se aqui, possa talvez parecer insuficiente para entender de modo integral a arte moderna. Na mesma linha de pensamento, porém, abordar uma ampla gama de produções e uma seleção muito grande e diversificada de artistas, poderia, além de cansativo, tornar-se dispersivo, o que impossibilitaria uma conclusão significativa. Por fim, a proposta desta obra é, de fato, o que o subtítulo indica: servir como uma introdução à arte moderna. Assim sendo, optou-se pela utilização de exemplos pontuais que pudessem demonstrar a essência de cada vanguarda e cada artista.

Os artistas, obras e movimentos aqui abordados já estão perpetuados como importantes para a discussão das propostas modernistas, e busca-se então discutir as singularidades de suas produções, seus contextos formadores e suas influências, assim como o que os diferencia ou assemelha. Ainda que o leitor já possua certa familiaridade com as obras presentes neste trabalho, pede-se que este as veja agora como novas propostas, novas condições, novas abordagens acerca de sua produção e solicita-se ainda que possa enxergá-las fazendo paralelos com aquilo que veio a ser a produção artística moderna no Brasil, associando-as aos artistas modernos nacionais e á formação estético-ideológica de nossa arte pós anos 1920. Parte-se deste conjunto de questões para fechar um círculo de experiências que reposicionem o sujeito, autor, em suas relações com a obra, o público e o meio artístico no fim do século XIX e principalmente durante o século XX.

Alerta-se que, nesta obra, preocupa-se menos com historicidade e ordens cronológicas dos eventos que marcaram a arte moderna, e mais com as conduções teóricas, conceituais e estéticas dos artistas e movimentos. Objetiva-se aqui acompanhar a expansão do século XIX em direção ao século XX e as notáveis mudanças ocorridas neste interstício. Far-se-á então, uma trilha capitulada com algumas providenciais vanguardas, movimentos organizados (ou não) e nomes de maior relevância para lembrar certos eventos, analisar obras e comentar ideias essenciais para as discussões levantadas nestas linhas.

É possível que o leitor perceba de imediato uma maior abordagem de pinturas em prejuízo à presença de gravuras, desenhos, esculturas, arquitetura, cerâmica e outras técnicas, mas, além dos limites técnicos de formatação do livro, que dificultam a colocação de certas imagens em uma qualidade aceitável (esta é uma publicação independente, onde desde a redação do texto até a diagramação e elaboração da capa foram realizadas pelo autor), de fato, neste período sobre o qual discorrer-se-á adiante, aquela técnica (a pintura) teve uma maior relevância em relação a estas.

Sobre vanguardas

Certos de que deveriam a todo custo acompanhar as fugazes transformações do mundo industrializado que lhes era contemporâneo, os artistas audazes e com espírito jovem e revolucionário compõem as vanguardas europeias do início do século XX. O uso da expressão vanguarda tem origem militar (*avant-gard*) e nomeia os pelotões que iam á frente das tropas, nos exércitos, ou seja, os que teoricamente tomavam a posição mais arriscada nas batalhas. Os movimentos (estilos ou abordagens criados por artistas que compartilham de ideais artísticos semelhantes) gerados a partir deste espirito, que foi chamado de moderno, e que partiam de novas experiências da cor e da forma chegando até as tendências abstracionistas, são o cerne do que se pretende aqui debater, de modo resumido e objetivo, porém com sentido, contextualização e significância.

1

De Brunelleschi a David

Os avanços artísticos-estéticos-científicos do período renascentista, principalmente o desenvolvimento da técnica da perspectiva linear proposta por *Filippo Brunelleschi* (1377-1446) no século XV, possibilitaram que o espaço passasse a ser concebido como algo mensurável e cada vez mais dentro do controle das representações técnicas dos artistas, num momento de grande ascensão da arte. Vale ressaltar que este avanço deve ser levado em consideração apenas como campo de conhecimento, ou seja, pela natureza intelectual do trabalho artístico que firmava suas bases teóricas, desencadeando em formas de investigação agregadoras de conhecimento, baseando-se na realidade visual. Em arte é irresponsável e sem valor falar em avanço num sentido de que esta é melhor do que aquela (neste caso, a arte do Renascimento em relação à anterior, a Medieval).

A visão filosófica desta referida época, que atribuiu ao ser humano a posição central do universo e que o toma como medida de todas as coisas é, de certo modo, expressa pelo domínio do espaço nas artes. Este período foi marcado pelo sistema científico da representação espacial, e que viria a tomar conta da arte ocidental, foi primordial, por exemplo, para o que séculos depois viriam a ser as Academias de Arte e a arte acadêmica em si. É partindo disso que iremos iniciar a abordagem do que pode ser entendido como Arte Moderna. Talvez, para o leitor iniciado no tema, pareça estranho começarmos por uma obra de Jacques-Louis David, pelo Neoclassicismo e pela arte acadêmica, já que propagou-se massivamente a ideia de que moderno em arte é a oposição ferrenha a tudo o que é acadêmico, mas desde já peço a gentileza ao leitor que me dá a honra de sua leitura, que se dispa de conceitos (e preconceitos) fechados em relação aos temas aqui apresentados e compreenda que não há algo que seja gerado do nada, de repente. Tudo tem um contexto e um processo, que muitas vezes é complexo demais para ser visto de forma tão simplista. Espera-se que, após o início definitivo do assunto "arte moderna", esta forma de pensar seja acolhida, ou no mínimo, compreendida por quem pretende entendê-la.

    De certo ponto de vista, pode-se afirmar que toda arte já foi moderna um dia e não seria estranho dizer que uma parte relevante das obras criadas ao longo da história devem ter sido escandalosas apenas por serem novidade em sua época. Contemporaneamente o que foi chamado de moderno na Europa dos séculos XIX e XX hoje é encarado de forma um tanto familiar, mas não menos surpreendente.

O fato é que, durante mais de um século, os artistas ocidentais seguiram certas convenções de uma arte considerada "oficial". Os séculos XVIII e XIX, foram dominados pelas academias de arte na Europa. Os artistas submetiam-se ao estilo artístico acadêmico que era um tanto padronizado , rígido e meticulosamente realista (segundo as ideias de realismo vigentes na época). Havia até mesmo uma hierarquia de temas artísticos, a saber: história, religião, mitologia e retratos. Estes temas atendiam principalmente aos interesses das classes altas e médias-altas. Essa padronização vigorou até cerca de meados do século XIX, quando indivíduos ou grupos artísticos começaram a perceber o seu próprio tempo, um tempo de avanço na tecnologia, de valorização da moda, de acontecimentos científicos, socioculturais e políticos, registrados pela tipografia e pela fotografia. Mais e mais artistas começaram a ter esta visão da sua época e iniciaram produções artísticas que se opunham às essas tais convenções padronizadas. Unindo-se em torno de ideais artísticos um tanto parecidos, os grupos de artistas começaram a ser chamados de movimentos.

Instigados pelos ideais modernos, os artistas começam a registrar em suas obras as coisas comuns de sua contemporaneidade. Entenda-se "moderno" aqui inclusive este momento histórico e as mudanças sociais, econômicas, políticas e culturais.

Iniciemos nossa análise pela singular pintura "*A Morte de Marat*", de 1873 (figura 1), do acima referido pintor neoclássico *Jacques-Louis David* (1748-1825). Nesta pintura, David captou uma imagem que tratava a pele da figura de forma sincera, direta e honesta, sem dá-la um ar marmóreo, registrando-a no exato momento do ocorrido, ou seja, o assassinato traiçoeiro do líder revolucionário Marat, que era amigo de David. A tela mostra um corpo que esvaía-se de seu ultimo sopro de vida, enquanto se banhava por conta das chagas que o atormentavam com frequência, consequência de viver escondido nos esgotos de Paris com receio das ações antirrevolucionárias a mando do rei. A obra é também, a imagem de um mártir, que morreu por ideais revolucionários e que, mesmo com sua morte, tiveram resultado, mudando não somente a história da França como de todo o mundo ocidental. Jacques-Louis David demonstra-se atento não apenas aos clássicos eventos do passado, nem somente em ilustrar uma alegoria, mas dirige seu olhar (e por sua vez, o olhar dos admiradores de sua arte) à história de seu tempo.

O artista percebeu que para a representação do passado não há pressa, já o presente como referência, pictórica ou histórica, é efêmero, muda com rapidez, exige novas técnicas, pede agilidade e espontaneidade do traço, do rascunho, do esboço, da modelagem. Já ultrapassada a necessidade de representação do passado, e tendo no momento contemporâneo aspectos de um imediato que logo se tornará passado, a arte moderna é vista com um olhar negativo, pois, conforme exposto outrora, só por ser moderna, automaticamente seria negada. Esta Intrínseca relação da arte com o momento presente direciona o artista para a busca por novidades, pelo novo, pela ruptura com o status atual. Ainda que artistas da geração proto modernista, como *Jean François Millet, Francisco de Goya, Gustave Courbet* e *Édouard Manet* (se assim considerarmos o modernismo como uma construção e não apenas como mera oposição radical ao academicismo) ou mesmo, ainda que os próprios impressionistas não estivessem preocupados com o novo, e sim somente com a representação do presente, suas atitudes e ideais artísticos viriam a desembocar, cedo ou tarde, no ímpeto modernista que aponta para o novo como lei geral da criação artística.

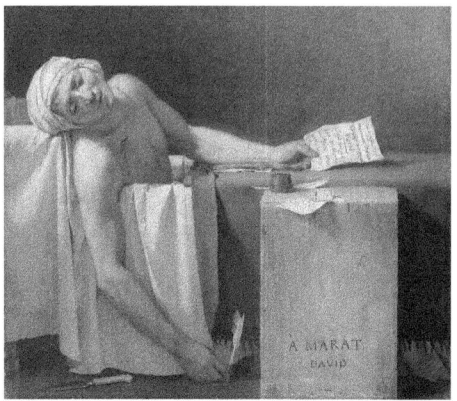

Figura 1. A morte de Marat, David

2

Impressionismo

Louis Leroy. Eis o nome do jornalista a quem é classicamente atribuída a criação do termo *Impressionismo*, que de início foi usado de modo pejorativo para criticar um quadro de 1872 "*Impressão, Sol Nascente*" de autoria de *Claude Monet* (1840-1926) (figura 2). A crítica foi pesada, pois Leroy escreveu que "*qualquer papel de parede era mais bem acabado que esta marinha*". Monet e seu grupo acabaram entrando para a história da arte como o apelido de Impressionistas. Estabelecidos em Paris, este grupo organizou suas própria exposições, independente do Salão de Paris, que tinha "regras estritas" para aceitação de obras e, portanto, não aceitava expor as obras impressionistas que exaltavam a luz, eram coloridas e bastante informais. Veremos a seguir quais características a pintura de Monet e dos outros impressionistas tinha para que crítica tão ferrenha fosse escrita e o motivo do escárnio da crítica e do público parisiense ás primeiras exposições impressionistas na década de 1870.

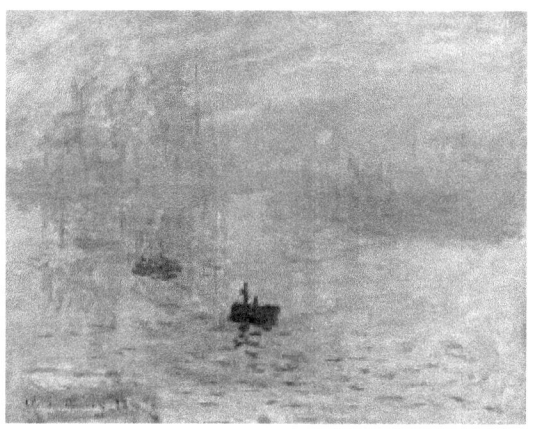

Figura 2. Impressão, Sol Nascente, Claude Monet

    O movimento teve início no ano de 1874, quando artistas uniram-se em torno do ideal de romper com as regras tradicionais de composição pictórica no ateliê e tentaram elaborar um novo estilo de pintura, que representava o flagrante da impressão visual momentânea antes de ocorrerem mudanças da luz (solar). Para captar esta imagem efêmera, os pintores precisavam aplicar pinceladas rápidas, e isso frequentemente tornava a imagem de difícil visualização, principalmente se observada de perto. Fazia-se necessário dar uns passos para trás e observar a tela de certa distância para ter-lhe uma melhor compreensão.

    O surgimento e desenvolvimento da fotografia, que ajudou a descobrir o encanto da cena instantânea por diferentes e ousados ângulos, juntamente com uma nova forma de ver o mundo por meio da cromotipia e estampas japonesas (que representavam cenas do cotidiano) que chegava aos ocidentais até mesmo por meio de embalagens de chá, ajudaram, de certa forma, na criação, desenvolvimento e aceitação do Impressionismo com suas obras de temas corriqueiros, singelos e delicados, como *Mulher com sombrinha*, de Monet (figura 3).

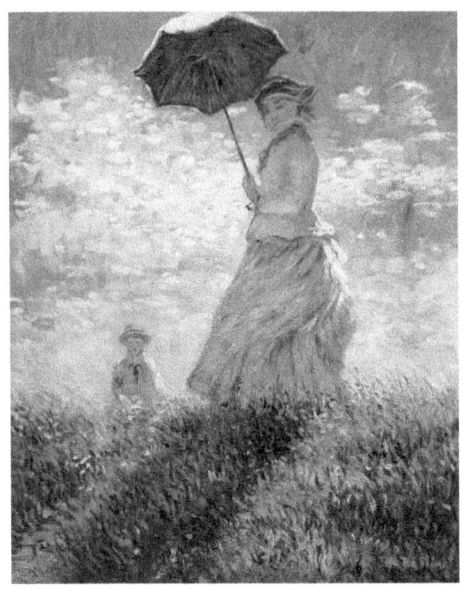

Figura 3. Mulher com sombrinha, Claude Monet

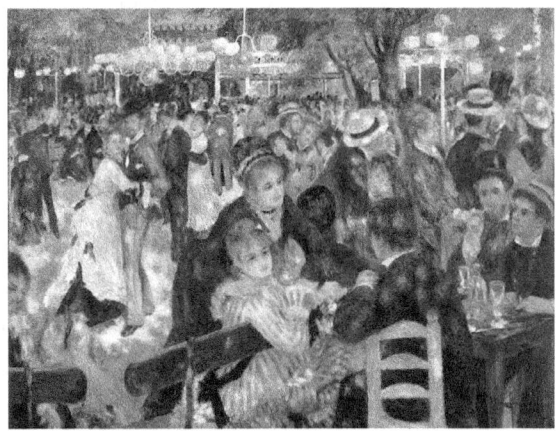

Figura 4. O baile do Moulin de la Galette, Renoir

O fundamento primordial do impressionismo é a decomposição óptica das cores, sendo portanto um movimento artístico embasado num caráter científico, cujo objetivo era captar a impressão do momento que se vê. Nesta vanguarda, capturar a sensação do instante visto tornou-se apenas o ponto de partida, pois cada artista acabou tendo uma interpretação diferente. Todos, no entanto, a seu modo, captaram as impressões da luz, da cor e da forma, diluindo profundamente os contornos e deixando as marcas do pincel expressas na tela. *Monet* preferia pintar campos de flores e marinas, com rápidas pinceladas, justapondo cores, sem definir as formas; *Pierre-Auguste Renoir* (1841-1919) pintava as alegrias da vida, com belas damas e eventos ao ar livre em Paris e nos arredores; divergente destes, *Edgar Degas* (1834-1917) entrou para a história da arte pintando cenas interiores, geralmente de ângulos ousados (influência da fotografia) e ficou conhecido como *o pintor das bailarinas*. Na verdade este tema era um pretexto para o pintor estudar o movimento corporal; os temas preferidos da pintora *Mary Cassat* (1843-1926) eram mães com suas crianças e mulheres modernas. (ver figuras 4, 5, 6, 7, 8 e 9).

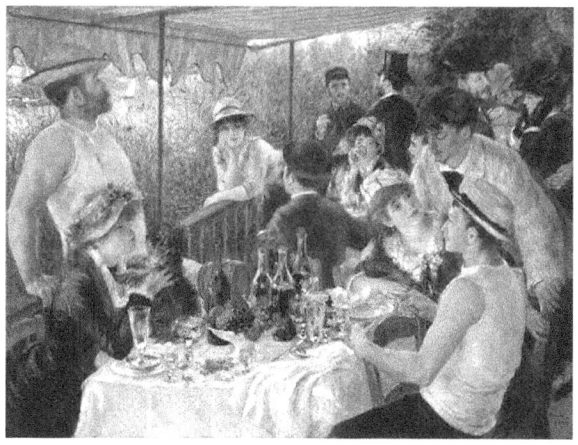

Figura 5. O almoço dos barqueiros, Renoir

Outras características importantes do movimento é que os pintores impressionistas aplicaram o conceito da mistura óptica das cores (ou seja, não misturavam a tinta na paleta, quem as misturava era o observador da obra quando a visualizava) e desenvolveram uma verdadeira aversão pelo preto, o qual não utilizavam sequer nas sombras, sendo até estas luminosas (conforme pode-se perceber na figura 3). Eles trabalharam com contrastes de cores, eliminaram o delineamento das formas, colocaram em prática as teorias das cores, exploravam tecnologias como a fotografia, e faziam uso de tinta portátil e pigmento sintético.

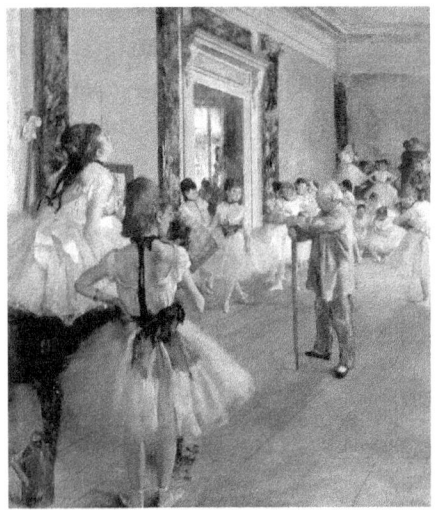 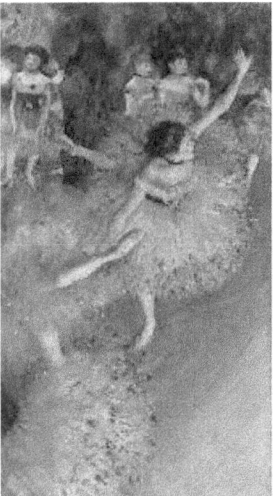

Figura 6. Aula de dança, Degas/ Figura 7. Bailarinas em Verde, Degas

Apesar das críticas iniciais, deve-se dar atenção a alguns preceitos que o Impressionismo pregou sobre a realidade visual. Por exemplo, se observarmos uma imagem ao ar livre, nossa visão não perceberá os elementos individualmente e sim uma mistura brilhante de matizes, combinadas em nossa mente. O próprio contorno, e as sombras escuras, tão estimados na arte acadêmica, não passam de abstrações da representação artística. Do mesmo modo, observar a natureza com atenção fez os impressionistas perceberem que é a cor que dá a forma, e não a linha. Esta é tomada então como outra abstração visual humana.

Monet estava tão comprometido com suas pesquisas impressionistas que fez várias telas retratando a *Catedral de Rouen*, em Paris, sendo que em cada uma representou a catedral com cores diferentes (figura 10). Ele produziu a mesma imagem com uma luz amarelada nas tardes de outono. Depois, pintou o mesmo tema novamente, com as cores mais claras, por conta da umidade do ar no verão. Em outros momentos, com um céu azul, límpido e profundo, pintou a catedral em uma invernal manhã. É uma das experiências mais interessantes da História da arte, pois ao compararmos os resultados destas telas verificaremos que Monet, ainda que retratando o mesmo edifício, produziu quadros totalmente diferentes.

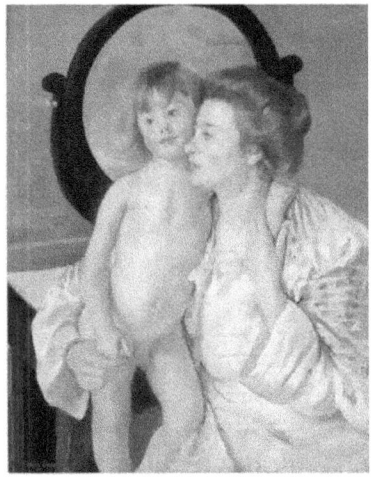 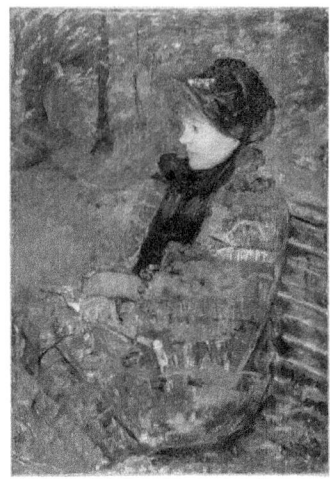

Figura 8. Mãe e Filho (1899), Mary Cassatt/ Figura 9. Outono (retrato de Lydia Cassat), Mary Cassat

Voltando aos escárnios e deboches citados no início deste capítulo, é possível agora entender o choque que a sociedade parisiense teve ao visitar as exposições impressionistas e perceber a ruptura intelectual e estética com a arte acadêmica. Tentar enxergar isso com o olhar da época é importante para compreender esta recepção negativa e como aos poucos a aceitação do estilo foi roubando o lugar das críticas negativas. O movimento original começou a se dissolver no fim da década de 1890, porém seu legado e influência perduram até a contemporaneidade e é notável e praticamente unânime a opinião de que o Impressionismo influenciou direta ou indiretamente toda a arte dos século XIX e XX, com seus temas da vida moderna e técnicas ousadas.

Abaixo, temos um quadro generalizado com as principais características pictóricas da arte impressionista.

Os artistas impressionistas

- *Valorizavam os objetos retratados ao ar livre, sob a luz natural;*

- *Eram fiéis aos objetos retratados, porém as realizavam como se apresentavam, sob os efeitos do olhar e das mudanças de luz diária;*

- *Atribuíram ás cores uma fundamental importância, sendo um elemento extremamente expressivo em sua arte;*

- *Acreditavam que a pintura deve registrar as tonalidades que os objetos adquirem ao refletir a luz solar num determinado momento, pois as cores da natureza se modificam constantemente, dependendo da incidência da luz do sol;*

- *Não davam ás figuras contornos nítidos;*

- *Acreditavam que as sombras devem ser luminosas e coloridas, tal como é a impressão visual que nos causam, e não escuras ou pretas como os pintores costumavam representá-las anteriormente.*

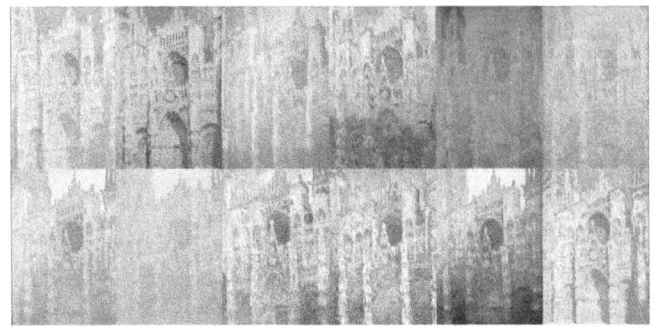

Figura 10. Diversas versões da Catedral de Rouen, em Paris, por Claude Monet

O Impressionismo teve representação também no Brasil, porém na década de 1920, com o artista Eliseu Visconti (1866-1944), que nasceu na Itália, mas veio ainda menino para o Brasil, e que, ao lado de Almeida Junior, é um dos brasileiros de formação acadêmica cuja obra apresenta, ainda no século XIX, inovações influenciadas pelos novos movimentos da arte europeia. quando Eliseu Visconti. Ao retornar da França (para onde foi em 1892 após ter vencido o prêmio de viagem da Escola Nacional de Belas Artes), onde esteve em contato com o movimento impressionista, adaptou-o para um estilo próprio, retratando paisagens profundamente iluminadas pela luz tropical, como podemos perceber na figura 11. Ele fez trabalhos de decoração para o Teatro Municipal do Rio de Janeiro, como o pano de boca e o friso sobre o palco. Visconti não foi um artista radical como os modernistas de sua geração, pois não rompeu completamente com a arte convencional, mas aceitava novas ideias se interessava por novos jeitos de fazer arte, e deste modo foi um dos primeiros a abrir caminho para renovação na arte nacional.

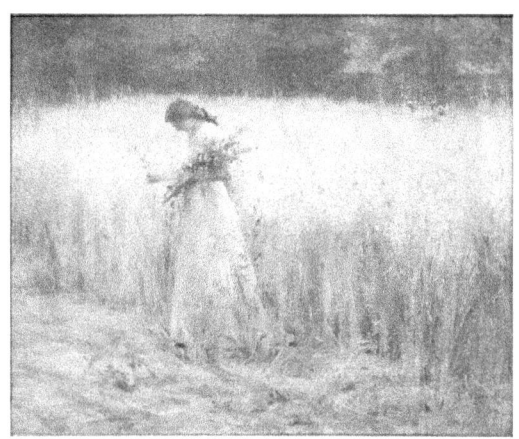

Figura 11. Moça no tribal, Eliseu Visconti

3

Expressionismo/ Fauvismo

A denominação *Expressionismo* surge como indicador de que certa arte enfoca no conteúdo expressivo da cor, da figura e da forma, deste modo exaltando os aspectos subjetivos expressos pela criação artística. Não era, obviamente, a primeira vez que a arte dava ênfase a estas características, pois obras que causavam impacto visual e sentimental expressivo sempre existiram. Vide, por exemplo, obras como *"A balsa da medusa"*, (figura 12) de *Théodore Géricault* (1791-1824), obra do começo do século XIX que é comumente associada ao Romantismo. Mais próximos historicamente aos jovens alemães que viriam a ostentar este termo como um movimento e que, de certa forma tiveram uma influência mais direta nesta vanguarda, podemos citar artistas como *Vincent Van Gogh* (1853_1890) e a associação de sua arte com o seu próprio espírito conturbado, como podemos ver na figura 13, e o profundo existencialismo e melancolia das obras de *Edvard Munch* (1863-1944) (figuras 14 e 15). Mas, de fato, o termo Expressionismo eternizou-se na História da Arte ao classificar a tendência da arte alemã do começo do século XX, ou, de modo mais abrangente, como um fenômeno da arte europeia que abrangeu dois grupos contemporâneos de forma simultânea, ambos surgidos no ano de 1905, a saber, o movimento Fauvista, na França e o já referido movimento alemão *Die Brücke* (A Ponte).

Mergulhados na pintura modernista, que por sua vez estava à procura de uma estrutura pictórica autônoma, o Fauvismo detém-se numa profunda investigação da função construtiva, plástica e analítica da cor, vista como elemento estrutural da visão, e deste modo, busca resolver a dualidade da oposição sensorial entre ela (a cor) e as formas, o espaço e o volume. O Fauvismo, portanto, situa-se entre a realidade espacial, que causa sensações na visão física e a realidade interna ou subjetiva, que captura a realidade visual. O Fauvismo cria-se a partir das inovações técnicas e estéticas do Impressionismo, principalmente baseando-se em sua concepção de cor e espaço, porém, vai contra o excesso de "apego à natureza".

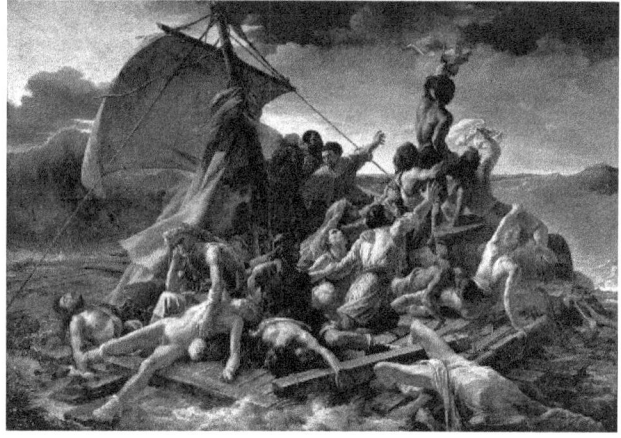

Figura 12. *A Balsa da medusa*, Théodore Géricault

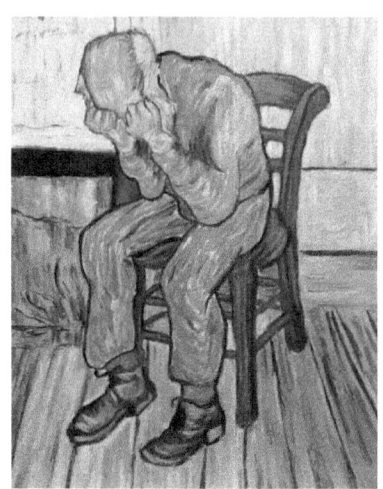

Figura 13. Velho chorando (nos portões da eternidade), Van Gogh

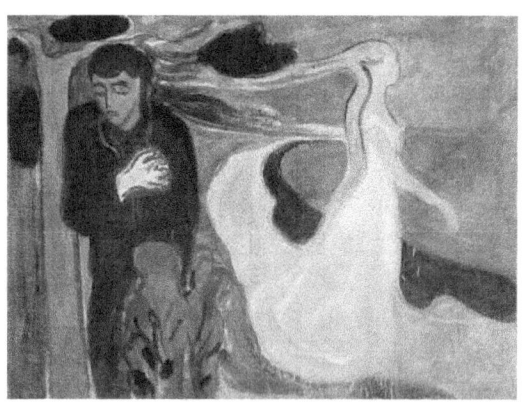

Figura 14. Separação, Edvard Munch

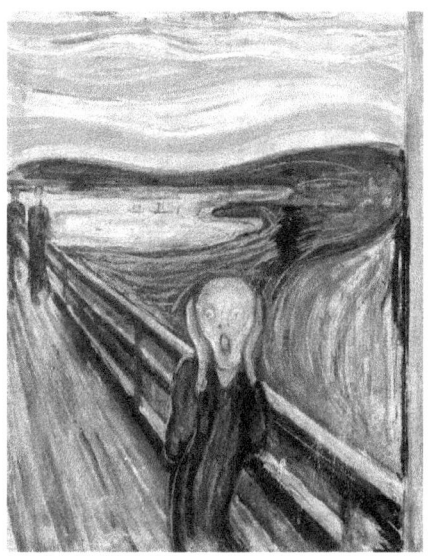

Figura 15. O grito, Edvard Munch

Os fauvistas trabalhavam as imagens das coisas como forma de comunicação da atividade da consciência existencial. Negligenciam de propósito o volume e o contorno, abusando de modo impulsivo da cor. Os *fauves* (feras) têm sua principal referência nas obras dos pintores Henri Matisse (1869-1954), André Derain (1880-1954), Otto Friesz (1879-1949), Kees Van Dongen (1877-1968) e Maurice Vlaminck (1876-1968). Destes destacasse a personalidade artística e criativa de Matisse, autor da singular obra A dança, de 1910 (figura 16) que revela todo o espírito do fauvismo em uma composição de formas e cores sintéticas vibrantes, exaltadas pelos personagens imersos numa rítmica e envolvente dança. A aura intuitiva desta pintura vem de sua profunda simplicidade, ritmo, harmonias e sinuosidades.

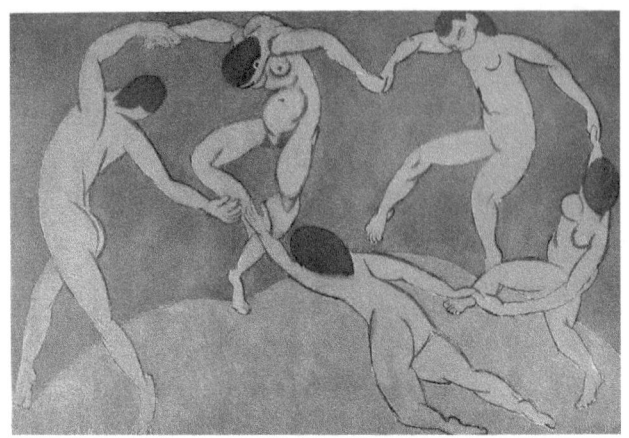

Figura 16. *A dança, Henry Matisse*

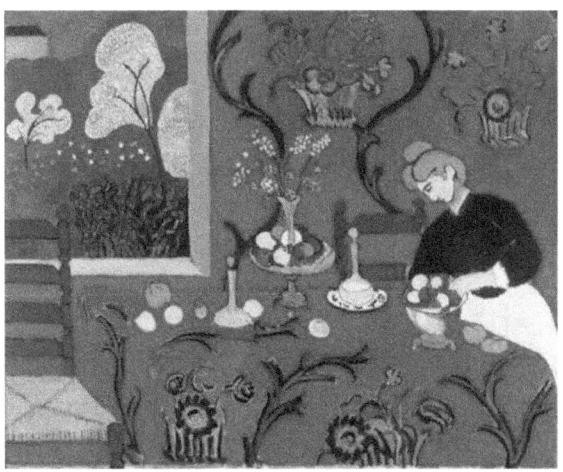

Figura 17. *A sala vermelha ou Harmonia em vermelho*

Matisse levava a pintura muito a sério, sendo para ele uma linguagem única e insubstituível, uma parte da experiência humana impossível de ser expressada pela fala ou pela escrita. Para ele, usando apenas pincéis e tinta era possível transmitir conceitos, sentimentos e emoções. O artista amava tanto a expressão por meio das cores que nomeava muitas de suas obras com a cor prevalecente no título, como em *A sala vermelha* ou *Harmonia em vermelho* (figura 17) que contém um grande lirismo por meio de cores radiantes.

Discorrendo agora sobre o Expressionismo Alemão, podemos de forma simples e didática conceituar como o Movimento artístico surgido em Munique, a partir de 1905, que propunha a arte como a expressão do mundo interior do artista. Estes artistas exploravam de forma intensa a expressividade da imagem vista, geralmente distorcendo a figura. Utilizavam constantemente de cores fortes, de grossos contornos abruptos, carregando suas obras com uma atmosfera densa, que beirava o irreal. A imagem de um mesmo local ou figura humana poderia mudar de acordo com o sentimento expressado na obra.

Os expressionistas trabalhavam as impressões sensoriais e o espectador de suas obras sentia-se, de certo modo, incomodado, pois o expressionismo priorizou o distanciamento do conceito de beleza estabelecido há séculos na arte, pois os artistas deste movimento acreditavam que a insistência na harmonia e beleza estava vinculado á uma falta de sinceridade e verdade. O movimento é caracterizado, por exemplo, pelo trabalho do artista belga *James Ensor* (1860-1949), fascinado pelo tema da morte desde 1887, ano em que perdeu seu pai e seu avô e estava obcecado por este tema, como na obra da figura 18, em que os personagens parecem estar numa festa, mas não demonstram alegria. Eles usam máscaras, chapéus e maquiagem, mas suas expressões são de horror. Há ainda as obras de *Ernst Ludwig Kirchner* (1880-1938), da qual tomaremos como exemplo a obra *Marcella*, de 1910 (figura 19) pois nela o artista apresenta certos elementos formais que viriam a identificar a maior parte da produção plástica expressionista, a saber, figuras distorcidas, linhas angulosas, traços incisivos e irregulares apoiados no colorido arbitrário e pesado, que contribuíram com a limitação do entendimento e apreciação da estética expressionista a uma apreciação formal em sua época contemporânea. O artista expressionista revela por meio da sua obra todas as suas angústias e as joga em cima do tema abordado, mesmo que esta obra seja um simples retrato, deste modo revelando que a arte é uma forma de identificação do subjetivo (o eu) com o mundo.

Também em Viena, Austria, os pintores *Egon Schiele* (1890-1918) e *Oskar Kokoschka* (1886-1980) executaram em suas obras as mesmas ideias dos expressionistas alemães. Schiele fazia autorretratos em poses extravagantes e gestos extremos e utilizando as mãos como complemento da expressão facial, como em *Autorretrato com manga* (figura 20).

Obras como estas aqui apresentadas revelam que sua estrutura representativa estava a disposição de uma expressividade que desequilibra o conjunto, quando desfigura a personagem e deixa imprecisas as linhas, fazendo com que a realidade visual seja parcialmente destruída, dando lugar a uma outra realidade, a interior, não somente a do autor da obra, nem a da personagem mas a da amálgama das subjetividades de ambos, que por sua vez reflete na consciência do observador.

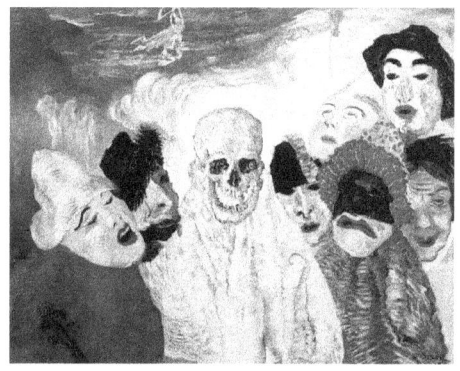

Figura 18. *A Máscara da Morte, James Ensor*

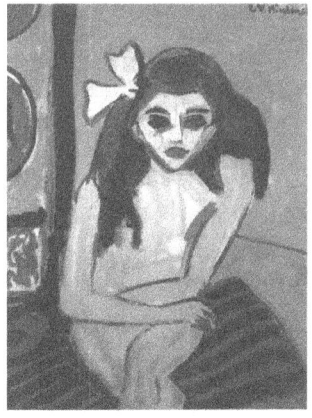

Figura 19. *Marcella, Ernst Kirchner*

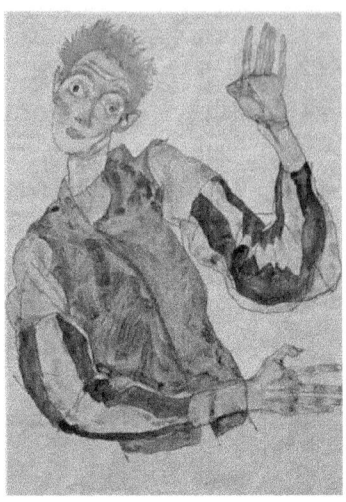

Figura 20. Autorretrato com manga, Egon Schiele

No cinema, arte então recentemente surgida, o expressionismo foi adotado por muitos diretores que expressavam uma linguagem emocional para contar histórias. Da mesma forma que nas artes plásticas, há distorção da realidade no cinema expressionista para enfatizar as emoções. Produzidos em sua maior parte na Alemanha, depois do fim da Segunda Guerra, os filmes expressionistas abusavam de cenários retorcidos, atores que exageravam na interpretação das expressões e que nas imagens, utilizavam-se de contrastes de luz e sombra. São exemplos simbólicos do cinema expressionista alemão o filme *O gabinete do Dr. Caligari*, dirigido por *Robert Wiene* (1873-1938) e lançado em 1920, e *Nosferatu*, dirigido por *F. W. Murnau* (1888-1931) e levado às telas em 1922 (ver figura 21).

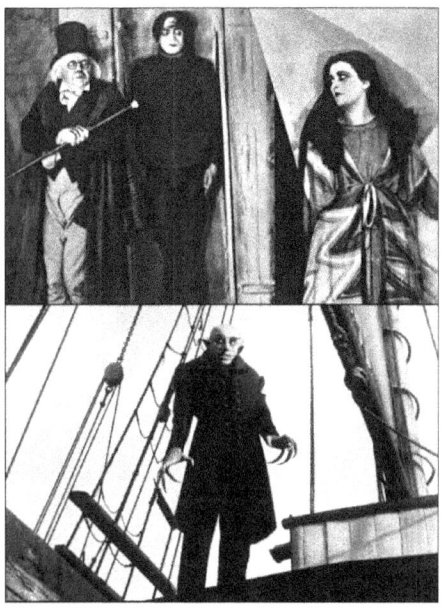

Figura 21. Cenas clássicas de O Gabinete do Dr. Caligari e de Nosferatu, filmes de 1920 e 1922, respectivamente.

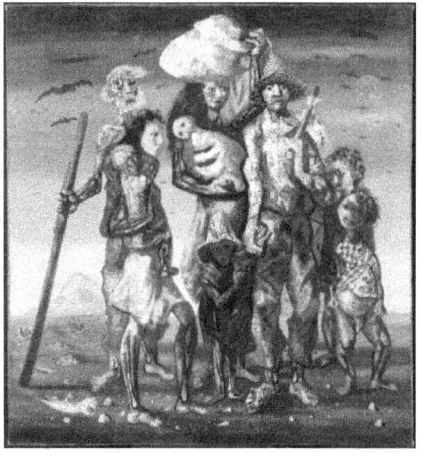

Figura 22. Retirantes, Cândido Portinari

É importante ressaltar, conforme a ideia que discorremos no início deste capítulo, que o expressionismo caracteriza não só o movimento organizado em si, e sim toda arte que apresenta tais características. Deste modo, é interessante salientar o caráter expressionista em obras de artistas modernistas brasileiros, em particular no trabalho de *Cândido Portinari*. Portinari (1903-1962), em 1931, após retornar de um período de estudos artísticos na Europa, acabou se tornando um dos mais reconhecidos artistas do Modernismo brasileiro. Com obras de caráter social, sua arte representa diversos aspectos da realidade brasileira, como os trabalhadores rurais e as vitimas da seca (ver Figura 22).

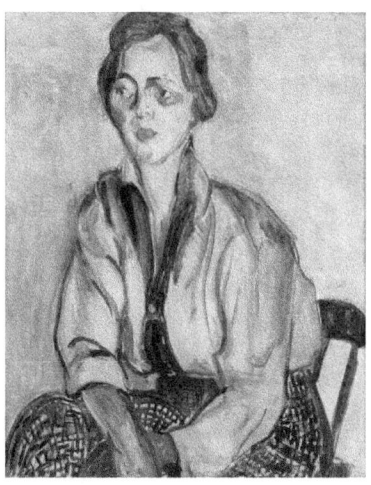

Figura 23. A estudante russa, Anita Malfatti

No Brasil, o Expressionismo influenciou ainda outros artistas e, de certo modo, influenciou também o movimento modernista. Observou-se, nesse período, um desejo intenso de mostrar as realidades socioculturais e as crenças do povo brasileiro. Em 1917, por exemplo, a artista plástica *Anita Malfatti* (1889-1964) realizou uma exposição para mostrar ao público brasileiro o que estava ocorrendo na arte europeia. Esta atitude deu inicio à formação do grupo de artistas e escritores que viriam a transformar a Arte no Brasil, anos mais tarde, a partir das ideias propagadas na *Semana de Arte Moderna* de 1922. Anita Malfatti é a autora, por exemplo, do quadro *A estudante russa*, de 1915 (figura 23), obra evidentemente expressionista com a sua deformação da figura, distorção da cor e de contorno rude e intenso.

Por fim, voltando aos grupos alemão (A ponte) e Francês (os Feras) e fazendo uso de conceitos semiológicos, pode-se afirmar que enquanto o Fauvismo essencialmente concentrava-se no significante, o Expressionismo Alemão focava no significado. Ambos, a seu modo, trabalharam a deformação do conteúdo e da forma, expressando-se, porém há divergências explícitas: o significante dos Fauvistas valorizava o gesto cognitivo e sensitivo. Já os alemães priorizaram o existencialismo, a emotividade e a consciência.

4

Pós-Impressionismo & Pontilhismo/Divisionismo

O pós-impressionismo não foi, de fato, um movimento artístico e isso o torna particular frente às vanguardas europeias modernas. Podemos classificá-lo como o estudo reunido das tendências de artistas que agiram de modo separado (e não unidos em torno de ideais artísticos, como os movimentos) num momento de transição após as rupturas promovidas pelos impressionistas. Aliás, pode-se dizer que, de certo modo, os artistas pós-impressionistas buscaram, de início, os mesmos princípios dos impressionistas, mas acabaram por se destacar quando ampliaram suas "pesquisas" cromáticas e composicionais, em busca de diferentes e inovadoras representações pictóricas. Essa tendência organizou-se de forma espontânea, inspirando-se e concomitantemente confrontando o movimento impressionista. O pós-impressionismo é, portanto, um termo atribuído à obra de alguns artistas que inovaram a partir do impressionismo. *Vincent Van Gogh, Paul Gauguin, Paul Cézanne, Henry de Toulouse-Lautrec* e *Georges Seurat*, cada um de modo particular, levaram em frente os estudos impressionistas e influenciaram de modo mais ou menos direto, a criação de novas vanguardas.

Cézanne (1839-1906) buscou evidenciar e analisar, na natureza, formas geométricas de esferas, cones e cilindros e já admite-se há tempos o quanto suas pesquisas serviram de base para o desenvolvimento do que mais tarde viria a ser o Cubismo. Em suas obras *"Jogadores de Cartas"* e *"Natureza morta com Cebolas e Garrafas"* (figuras 24 e 25) podemos perceber esta geometrização e simplificação de modo um tanto explícito.

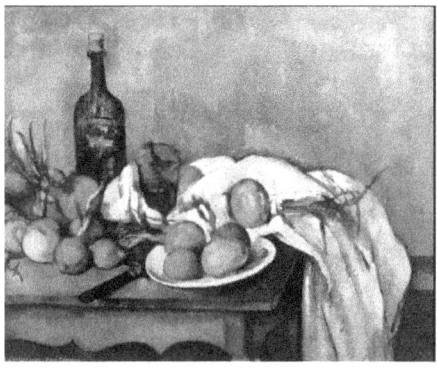

Figura 24. Natureza morta com Cebolas e Garrafas, Cézanne

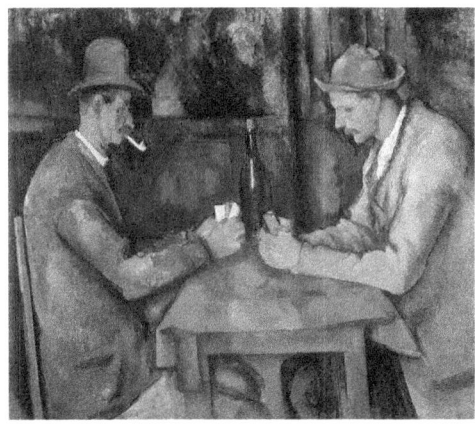

Figura 25. Os Jogadores de Cartas, Cézanne

Gauguin (1848-1903) não rompeu somente a simplificação das formas e cores em seus estudos, como também fugiu da correria urbana da capital francesa para lugares remotos e com estilo de vida mais simples. Teve contanto com Van Gogh em Arles, foi ao Tahiti (ver figura 26) e também viajou pelo sul da França e Nova Zelândia em busca de fontes mais primitivas e essenciais. Não seria irresponsável afirmar que suas pesquisas fomentaram o desenvolvimento do Fauvismo, já que Gauguin sempre primou pela cor pura e forte em suas obras.

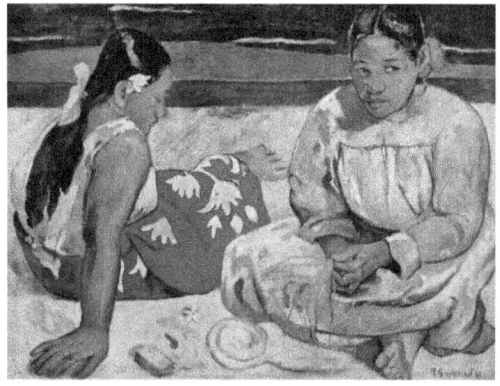

Figura 26. Mulheres do Tahiti, Paul Gauguin

Van Gogh produziu uma boa quantidade de obras com muito subjetivismo, pois valeu-se da arte para expressar seu estado emocional, e conforme já assinalou-se no capítulo anterior, contribuiu com o desenvolvimento do Expressionismo. Abusando do excesso de tinta em pinceladas enérgicas que deixam transpassar as emoções do artista, seus quadros são hoje profundamente conhecidos e celebrados na cultura pop, no entanto, em vida, Vincent vendeu apenas uma única pintura, não obtendo sucesso e sendo tomado como louco e esquisito pelos lugares por onde passou. A carga emocional de suas obras, expressas pelas grossas camadas de tinta com cores vibrantes e variadas, faz dele um artista de destaque não apenas entre os pós-impressionistas, como na História da Arte de um modo geral. Sua célebre e icônica pintura intitulada "*Noite Estrelada*" (figura 27) é muito mais do que uma paisagem ao ar livre, é o retrato de uma alma conturbada que, no entanto, converteu em beleza artística até mesmo suas aflições.

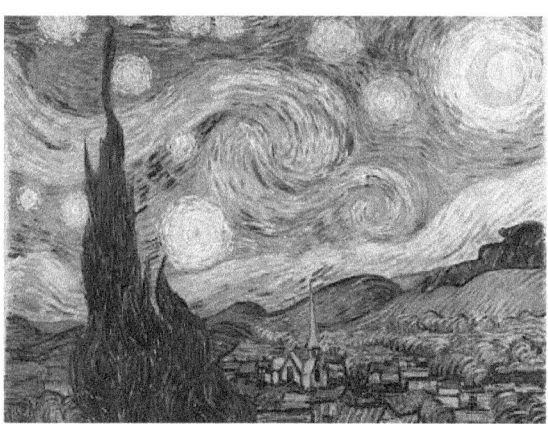

Figura 27. Noite Estrelada, Van Gogh

Toulouse-Lautrec (1864-1901) é considerado um dos pioneiros dos cartazes publicitários. Pintor boêmio, Lautrec era baixinho, pois tinha uma doença que o impedia de crescer e isso o frustrava. Costumava pintar dançarinas de cabarés e festas. Ficou famoso por produzir cartazes para eventos como shows e apresentações em bordéis de um jeito inovador, como podemos ver nas figuras 28 e 29.

Seurat (1859-1891), por fim, foi o fundador do *Pontilhismo*, também chamado *Divisionismo*, que surgiu por volta de 1884, baseando-se no processo de pintar por pequenas manchas ou pontos aplicados bem próximos uns dos outros, principalmente com cores puras. Seu interesse maior foi a óptica, e foi depois de muitas pesquisas que ele chegou á conclusão de que suas cores seriam mais vivas e intensas se ele aplicasse as tais pequenas áreas de cores complementares lado a lado, ou seja, pontos, ao invés de usar pinceladas. As cores resultantes desta forma de aplicação mecânica e a definição das figuras são obtidas, portanto, pela mistura óptica. Um perfeito exemplo é sua obra *"Tarde de domingo na Grande Jatte"* (figura 30), onde Seurat realizou diversos estudos composicionais, alternando tamanhos de pontos até chegar ao objeto representado, simplificando as formas humanas e da natureza em estruturas geométricas. Seurat teve como discípulo *Paul Signac* que continuou a técnica após a morte de seu mestre (ver figura 31).

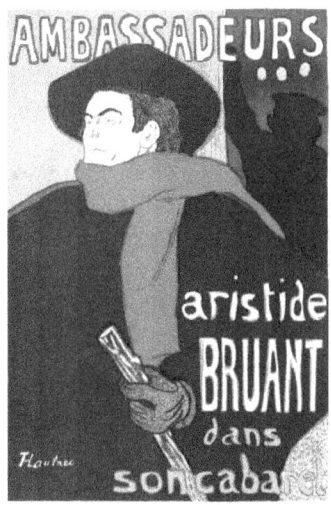

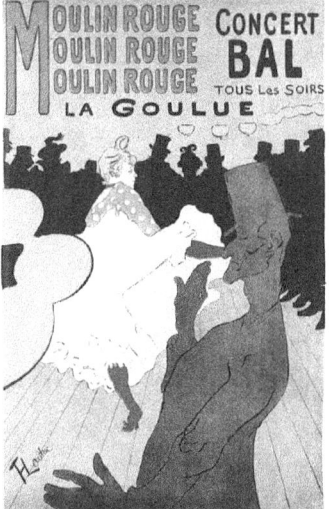

Figura 28. Cartaz de anúncio de apresentação do cantor Aristide Bruant, Toulouse-Lautrec / Figura 29. Cartaz de anúncio do Moulin rouge, Toulouse-Lautrec

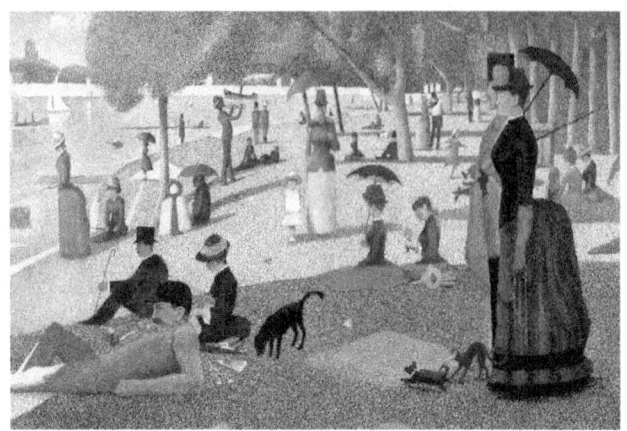

Figura 30. Tarde de domingo na ilha Grand Jatte, Seurat

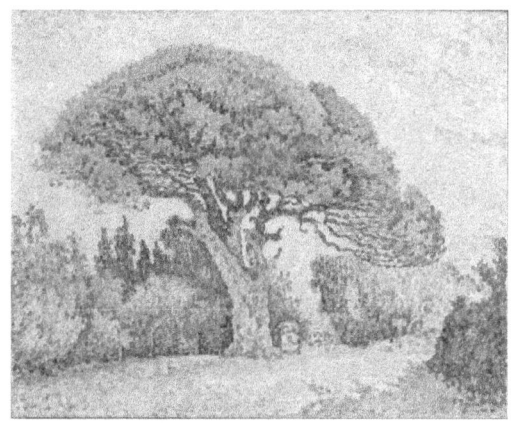

Figura 31. O Pinheiro de Saint Tropez, Paul Signac

5

Cubismo

Não é simples estabelecer uma linha do tempo coesa e evolutiva acerca da relação *forma-espaço* na pintura ocidental. Geralmente toma-se como ponto de partida as pesquisas dos "rebeldes antiacademicistas" impressionistas que se desdobram até a simplificação geométrica promovida por Cézanne. No entanto, é seguro afirmar que uma ruptura mais radical com a representação pictórica espacial desenvolvida no renascimento, com ponto de fuga e perspectiva linear, surge com o movimento cubista.

O *Cubismo* inicia-se em 1907, em Paris, propondo reformular o ideal até então vigente de representação dos objetos e figuras, como se pudessem romper a realidade visual e física, sendo vistos sob vários ângulos, ao mesmo tempo, sugerindo a ideia de que o artista se movimentasse em torno do que está representando e captasse todas as suas faces simultaneamente. A data de 1907 é marcada pela pintura de *Pablo Picasso* (1881-1973) tida como a obra inaugural do movimento, que representa elementos de ruptura com os maiores cânones da arte europeia.

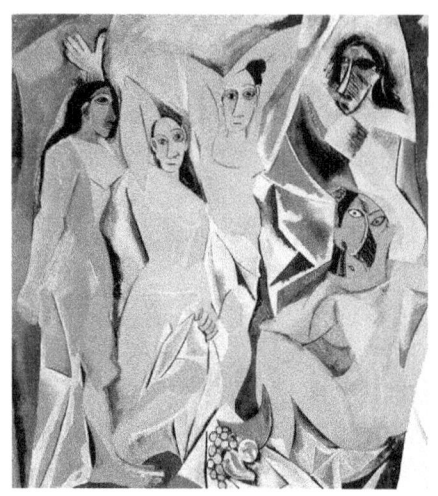

Figura 32. Les Demoiselles D'Avignon, Pablo Picasso

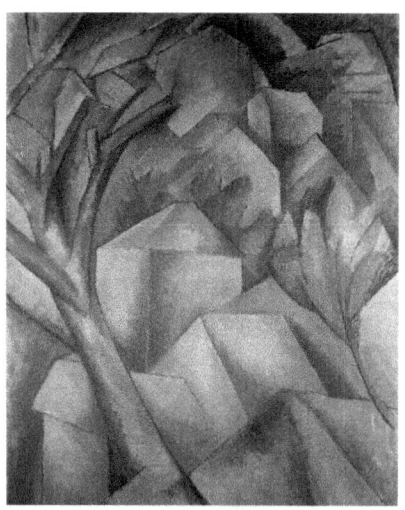

Figura 33. Casas em L'Estaque, George Braque

Nesta obra, percebemos a ousadia da estética cubista, que se dispõe a investigar a estrutura funcional da obra de arte. Os rostos de algumas das modelos foram representados como uma máscara africana (referência ao que, naquele momento, entendia-se como "primitivo" e distante dos padrões acadêmicos eruditos) e há um grande desconforto em suas posições. Os traços angulosos e a desproporção proposital feita por Picasso já revelam que, no Cubismo, o compromisso da arte desvirtua-se, enfim, da representação do espaço real, convergindo para uma representação desatrelada das regras artísticas. Para criar a obra, o artista espanhol utilizou-se de composições baseadas na estrutura fundamental do objeto, por meio da justaposição de faces e pela simplificação, reduzindo as figuras às formas geométricas, fazendo referência à obra de seu precursor, Cézanne.

Além de Picasso, podemos destacar no Cubismo *Georges Braque* (1882-1963) e mais tarde, *Ferdinand Léger* (1881-1955), *Juan Gris* (1887-1927) e *Robert Delaunay* (1885-1941). É de Braque a obra que deu nome ao movimento: "*Casas em L'Estaque*" (figura 33) que quando exposta na galeria *Kahnweiler* de Paris, em 1908, levou o critico francês *Louis Vauxcelles* a cunhar o termo *Cubismo* para se referir (de modo depreciativo, como fez Leroy com os impressionistas) á geometrização das formas das casas representadas na pintura, que lembravam-lhe cubinhos.

Picasso e Braque, tiveram a certo ponto (de 1910 a 1912) uma colaboração intensa e sintonizada, o que resultou no chamado *Cubismo Analítico*, fase que já se distância dos primórdios "cezanneanos", focando na pesquisa técnico-teórica, o que gerou uma amálgama plástica da figura com o fundo e outros objetos da composição, sem descartar a justaposição de vários pontos de vista simultâneos. O nome desta fase justifica-se quando precisamos de bastante análise e observação da obra para conseguir assimilar o tema da composição, dificultada mais ainda por uma paleta de cores bastante reduzida, apenas variando tons e sem planos sucessivos: a figura faz parte do fundo e o fundo faz parte da figura (vide figuras 34 e 35). O Cubismo Analítico, portanto, desvia-se da figuração representacional, e foca na construção da obra, chegando perto do abstracionismo. Observar as obras desta fase do movimento revela o quanto os trabalhos de Braque e Picasso estavam em uma profunda sincronia.

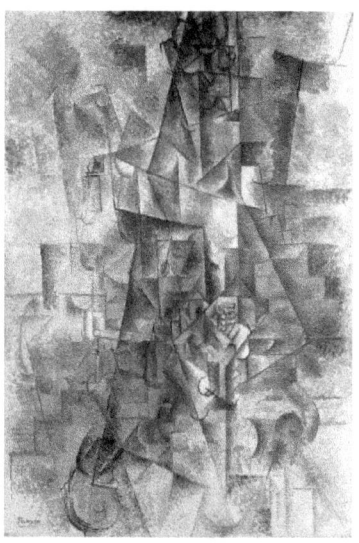

Figura 34. O acordeonista, Pablo Picasso

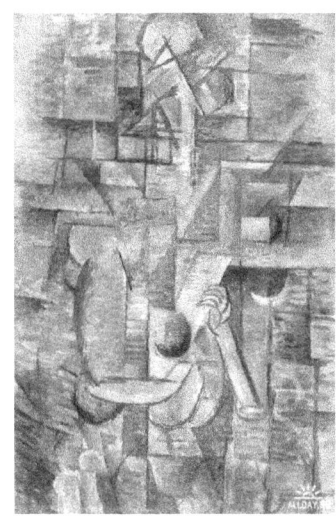

Figura 35. Mulher com bandolim, George Braque

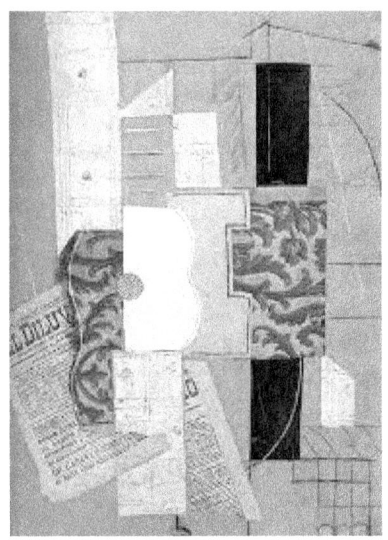

Figura 36. O violão, Pablo Picasso

A outra fase do movimento (a partir de 1912) ficou conhecida como *Cubismo Sintético*, reaproximando-se do figurativismo, e sintetizando à pintura tradicional, elementos da realidade por meio da colagem. Essa conversa com a tridimensionalidade busca romper com a textura puramente ótica, adicionando camadas e texturas táteis, por meio da madeira, azulejo, papéis de jornal, palha, papelão, etc. (ver figura 36 e 37). A ruptura proporcionada por esses *assemblages* é também dos limites entre o representacional e o real, o conceito e o concreto, a arte e a vida.

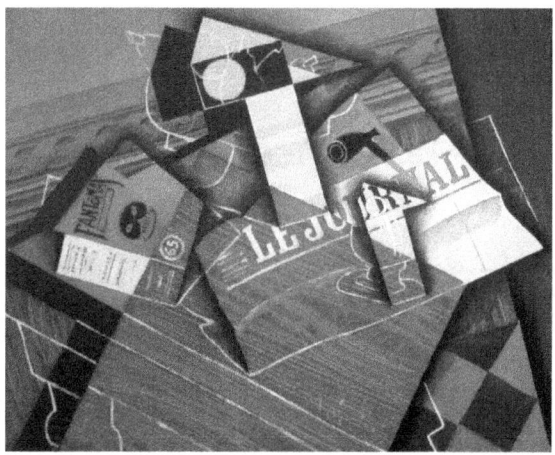

Figura 37. Fantasmas (cachimbo e jornal), Juan Gris

Os documentos que "transformaram" o Cubismo em movimento foram vários: em 1912 *Albert Gleizes* e *Jean Metzinger* publicam *Du Cubism*; em 1913 o poeta e entusiasta do cubismo *Guillaume Apollinaire* lança um manifesto cubista; em 1916, publica-se "*O surgimento do Cubismo*", do critico e dono de galeria, *Daniel-Henry Kahnweiler*. Mas sem dúvidas, o verdadeiro e maior manifesto cubista foi mesmo a pintura *Les Demoiselles d'Avignon*, que com seu jogo de formas reduzidas ao esquema da geometria plana, alcançou um novo grau de liberdade de expressão para a pintura, mesmo tendo sido taxada como piada quando apresentada ao círculo de amigos de Picasso, na primeira vez que este a mostrou. Na verdade, para entender o movimento, fazer uma leitura de imagem das suas obras é o modo mais eficaz. A crítica artística falava em matemática e psicologia para explicar o Cubismo, mas o próprio Picasso afirmou que todos estes escritos eram apenas "literatura" e que o movimento na verdade se explicava pelo olhar e pela percepção do espírito do observador.

6

Futurismo

No ano de 1909 foi lançado, no jornal *Le Figaro*, o manifesto literário futurista, de autoria do poeta italiano *Filippo Tommaso Marinetti* (1876-1944) no qual se celebrava a era das máquinas e da velocidade: "*Nós afirmamos que a magnificência do mundo enriqueceu-se com uma nova beleza: a da velocidade*". Era o começo oficial de mais um movimento artístico: o *Futurismo*. No embalo deste manifesto literário, em 1910, os pintores *Umberto Boccioni* (1882-1916), *Carlo Carrà* (1881-1966), *Giácomo Balla* (1871-1958), *Luigi Russolo* (1885-1947) e *Gino Severini* (1883-1966) lançam também seu *Manifesto Técnico da Pintura Futurista*, que demarcava o retorno da pintura italiana aos cenários internacionais da arte. Em 1911 estes mesmos artistas visitaram o *Salão de Outono*, em Paris, onde viram pela primeira vez o Cubismo e isso teve um profundo impacto imediato sobre suas obras.

Derivando-se, portanto, do Cubismo, o Futurismo procurava expressar o dinamismo das maquinas e da velocidade, segundo eles, os novos valores e novos espíritos da era tecnológica que se desenvolvia. Entretanto, apesar da inspiração, os futuristas acreditavam que o conceito cubista era deveras estático e propuseram outro, que seria mais dinâmico, inquieto e que se opunha de modo agressivo ao passado. Esse aspecto violento e negativo do Futurismo o fez atacar os valores clássicos da arte e da cultura: eles chocaram o mundo da arte quando declararam o pleno desejo de erradicar definitivamente os vestígios das tradições artísticas italianas e destruir galerias e museus, celebrando a ciência, os processos mecânicos, a tecnologia, a energia, a máquina e a velocidade da vida moderna. O grupo liderado por Marinetti viajou por vários países europeus divulgando sua nova estética, inspirada na sociedade industrial de seu tempo e na guerra, que, segundo eles, destruiria as velhas instituições. Eles buscaram formas de retratar o movimento da agitação das pessoas que moravam e trabalhavam nas grandes metrópoles. Suas pinturas eram geralmente chamadas por eles de "dinamismo".

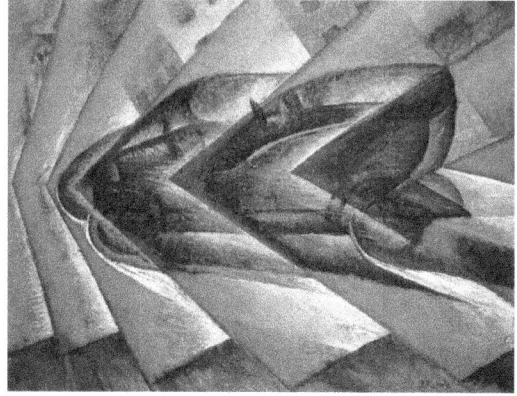

Figura 38. O dinamismo de um automóvel, Luigi Russolo

A pintura futurista buscava revolucionar o uso comum dos movimentos sequenciais e das linhas de força, e com representação sucessiva de formas em movimento, procurou transpor de modo concreto para a obra de arte a velocidade, o mundo acelerado pelas máquinas, pela correria dos centros urbanos, pelos automóveis e até mesmo pelas patinhas de um cachorro caminhando, ou ainda pelo veloz bater de asas de aves (vide figuras 38, 39 e 40 respectivamente). Até mesmo na escultura houve a ousada tentativa de quebrar com o ar estático que marca a maioria das obras desta modalidade artística: "*Formas Únicas na Continuidade do Espaço*" (figura 41), de 1913, de Umberto Boccioni, sugere velocidade pela simbiose da anatomia do corpo, que se desloca em grande velocidade, e do espaço, que mesclam-se em uma forma única.

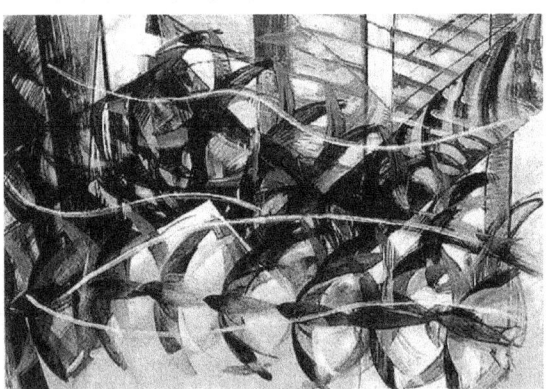

Figura 39. O voo das andorinhas, Giacomo Balla

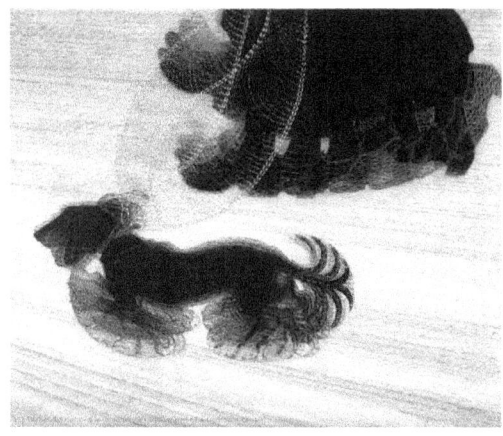

Figura 40. Dinamismo de cão na coleira, Giacomo Balla

Condenando a devoção aos antigos mestres e os elementos artísticos consagrados no passado, os futuristas exaltaram apenas o seu mundo contemporâneo, pintando em suas telas obras com cores vivas, desenhando com formas livres, promovendo uma verdadeira cinemática das formas. Eles retratavam temas cotidianos valendo-se de formas facetadas e linhas quebradas, chegando até mesmo, conforme anteriormente afirmado, a exaltar a guerra, que segundo os mesmos tinha algumas "características benéficas", numa espécie de fusão ideológica política com preferência artística. Esta controversa ideologia era expressas por meio de algumas opiniões que eles externaram, como por exemplo quando afirmaram que "o motor de um carro de corrida era mais belo que a estátua grega clássica *Vitória de Samotrácia*" (vide figura 42). Ironicamente, percebe-se uma não tão sutil semelhança entre esta referida obra clássica e a composição *Formas Únicas na Continuidade do Espaço*, de Boccioni.

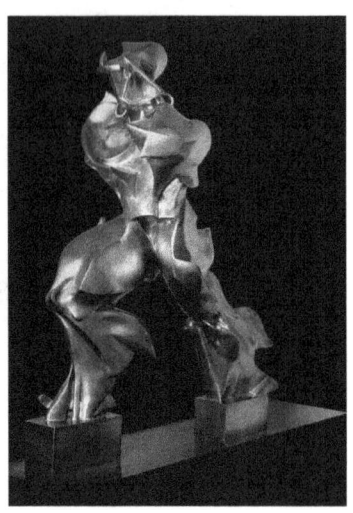

Figura 41. Formas Únicas na Continuidade do Espaço, Boccioni

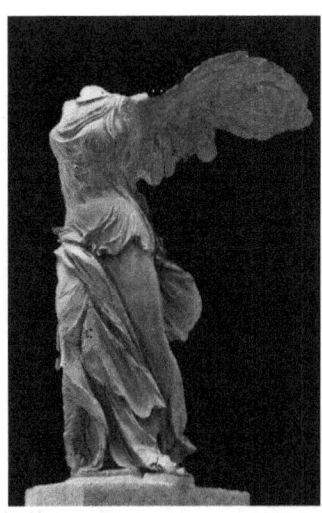

Figura 42. A vitória de Samotrácia, escultura grega em mármore branco (c. 250 a.C a 185 a.C)

7

Dadaísmo

Surgido em Zurique por volta de 1915/ 1916, o *Dadaísmo* é, possivelmente, a vanguarda artística moderna europeia mais extravagante dentre todas e que ainda hoje gera polêmicas, embasa discussões e escandaliza quem tem um primeiro contato com suas ousadas produções. O espírito modernista alcançou, por meio do Dadaísmo, um extremo empenho contestatório em pleno acontecimento paralelo com a Primeira Guerra Mundial. Fazendo do deboche sua filosofia e contrariando até mesmo o conceito de arte, o Dada rompeu com ideais de representação artística que mesmo a mais ousada das outras vanguardas não ousou romper.

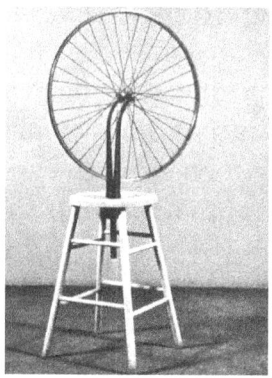

Figura 43. Roda de bicicleta, Marcel Duchamp

Autointitulando-se como um movimento de *antiarte* (isto é, eles acreditavam que a criação artística deveria se basear no acaso e em atitudes não pensadas), o Dadaísmo pregava que a proposta não era a construção de algo e sim o inverso, a negação de qualquer função pragmática ou estética que a arte ou os objetos industrializados pudessem vir a ter. Era um forte sinal da intolerância do século XX ao conceito de "arte como imitação da vida".

Muitos artistas foram viver na Suíça fugindo dos horrores da Primeira Guerra Mundial. O poeta romeno *Tristan Tzara* (1896-1963) juntamente com o escritor alemão *Hugo Ball* (1886-1927) e o pintor *Hans Arp* (1886-1966) fundaram o *Cabaré Voltaire*, um clube noturno na capital da Suíça, com a intenção de ser um ponto de encontro para todos que estivessem dispostos a desmistificar e zombar dos valores artísticos e culturais estabelecidos, declamando poemas *nonsense* e dando à colagem uma nova roupagem artística. Da Suíça, o movimento internacionaliza-se, expandindo para a Alemanha, França e EUA. Em Nova York, na mesma época, o fotógrafo experimental *Man Ray* (1890-1976) e os pintores *Marcel Duchamp* (1887-1868) e *Francis Picabia* (1879-1953) lançam a *Revista 291*, abordando a guerra, a crescente crise da cultura ocidental e o racionalismo das vanguardas artísticas. É por meio destas provocações que surgiu o conceito de antiarte, uma atividade de livre pensamento e sem interesses, que não pretendia propor nenhum novo rumo para as artes.

Os dadaístas tentavam a todo custo fugir do convencional, atribuindo sentido ambíguo a tudo, satirizando até mesmo a produção industrial e demonstrando uma revolta cultural e intelectual contra a política e a moral burguesa. A própria palavra "dada" foi escolhida ao acaso em um dicionário pelo grupo de jovens artistas, para nomear seu movimento. Há dois significados para a palavra: o primeiro, em francês, significa "cavalo de brinquedo", o segundo faz referência a um dos primeiros sons que uma criança emite quando começa a falar.

Procurando distanciar-se da autonomia formalista que a maioria dos artistas modernos buscava para a sua arte, Duchamp tentou evitar todo contato com a arte tradicional e foi assim que se tornou conhecido por seus *readymades*, uma forte negação a qualquer técnica artística, desde as tradicionais técnicas pictóricas e escultóricas às inovações técnicas dos próprios modernistas. Para este artista, a concepção da obra de arte, ou seja, sua elaboração conceitual, era mais importante que o produto acabado. Apropriando-se de objetos prontos e ressignificando-lhes como obras de arte, Duchamp promoveu uma ruptura com a tradição artística baseada na visão e na criação manual do artista.

Em 1913, ele então "inventou" esta nova forma de arte, o *readymade* (algo já feito, já pronto), apresentando a composição de uma Roda de bicicleta montada sobre um banquinho (ver figura 43). Os *readymades* de Duchamp, como este *Roda de Bicicleta* inauguram a possibilidade de uma arte puramente imaginária e não apenas "retiniana". Neste momento ele honra o conceito de vanguardista, pois estava à frente de seu tempo, já que a abordagem de obras conceituais viria a ser supervalorizada na arte pós-moderna (ou contemporânea).

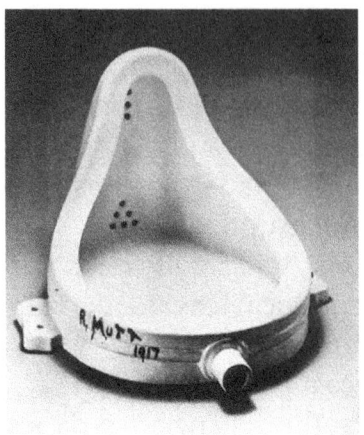

Figura 44. Fonte, Marcel Duchamp

Apesar do pioneirismo de *Roda de bicicleta*, o *readymade* de Duchamp que mais gerou polêmica foi *Fonte*, de 1917 (figura 44), um perfeito exemplo de que, no século XX, a arte passa a questionar a própria arte. Temos aqui mais uma vez uma apropriação e o deslocamento funcional de um objeto pronto. O que Duchamp faz, de fato, é apenas comprar uma peça industrializada pronta, urinol, assinando-a com o pseudônimo R. *Mutt*, datando-a (1917) e enviando-a para ser exposto em um salão de artes da *Sociedade de Artistas Independentes*, em Nova York. Duchamp fazia parte da sociedade, no entanto o júri desconhecia o fato de que o objeto havia sido enviado por ele. Apesar disso, sua *fonte*, mesmo não tendo sido totalmente rejeitada, foi suprimida da exposição, ficando em um lugar escuro e pouco acessível. Certamente o júri não entendeu esta atitude de Duchamp, mas sem dúvida a peça cumpriu a intenção de provocar questionamentos sobre o que vem a ser arte.

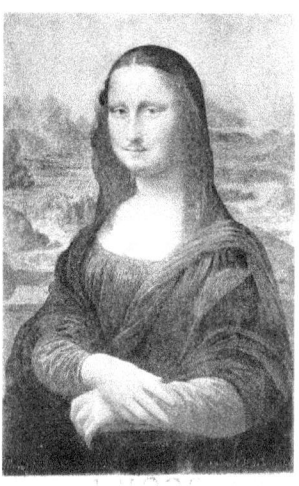

Figura 45. L.H.O.O.Q., Marcel Duchamp

Duchamp apropriou-se até mesmo da imagem da famosa *Monalisa*, pintura de *Leonardo da Vinci* (1452-1519). Adquiriu um postal com a reprodução da obra, medindo 19,7 x 10,5 cm e desenhou nela um cavanhaque e bigodes, ainda por cima dando-lhe um título que, em francês, soava muito próximo de uma expressão obscena (ver figura 45). Mais uma vez o artista modificou e atribuiu novos sentidos quando, ao se apropriar de um objeto, ressignificou-o como uma nova obra de arte. Duchamp estava no auge de sua carreira como pintor quando decidiu deixar tudo para lá e se dedicar aos *readymades*. Segundo suas ideias, mais importava a criação intelectual do artista do que sua ação gestual.

Outro exemplo bastante significativo de experimento dadaísta é *O olho cacodilato* (figura 46) do francês Francis Picabia, que deu a seus amigos uma tela onde eles escreveram várias frases aleatórias e assinaram. A obra foi planejada por Picabia, mas não foi executada por ele. Essa atitude, tal qual a postura de Marcel Duchamp, quando expôs a Fonte, era um modo de mostrar ás pessoas que o valor de uma obra de arte está na proposta conceitual do artista que a criou e na reação que ela pode provocar no público. Os dadaístas queriam, portanto, chocar as pessoas com suas performances artísticas provocativas, absurdas ou subversivas. A finalidade disto era que todos viessem a discutir os limites da arte.

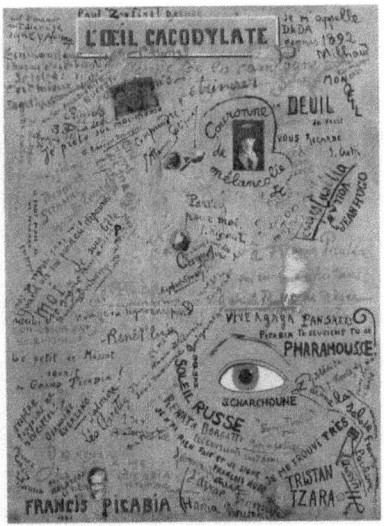

Figura 46. O olho cacodilato, Francis Picabia

8

Surrealismo

O *nonsense* e o automatismo psicológico dos dadaístas ganha um outro aspecto com o movimento surrealista que tinha embasamento na teoria psicanalista de *Sigmund Freud*. Era o ano de 1924 quando o poeta e crítico francês *André Breton* (1896-1966) lançou o *Manifesto Surrealista*, seguido da *Primeira Exposição Surrealista*, em 1925. Desta exposição pioneira participaram *Hans Arp, Giorgio de Chirico* (1888-1978), *Max Ernest* (1891-1976), *Man Ray, Joan Miró* (1893-1983) e *Pablo Picasso*. Mas o movimento ficou mesmo conhecido pelas obras de artes de nomes que viriam mais tarde a adotar movimento: as composições oníricas, estranhas, absurdas ou, no mínimo, incômodas, do belga *René Magritte* (1898-1967) e do espanhol *Salvador Dali* (1904-1989).

As obras surrealistas não têm nenhum apego explícito à razão, à lógica do consciente e por vezes, nem mesmo à preocupação estético-representativa, sendo encaradas como manifestações ilógicas, como os sonhos, as alucinações e o subconsciente criativo. Os artistas surrealistas almejavam, portanto, uma arte desprovida de quaisquer predeterminações estabelecidos pela razão. As obras de Dali e Magritte possuem um estranho, porém interessante contraste, representando alguns aspectos da realidade com bastante realismo (no caso de Dali, um realismo acadêmico impecável), porém com elementos dissociados da realidade, o que resulta em conjuntos irreais profundamente curiosos.

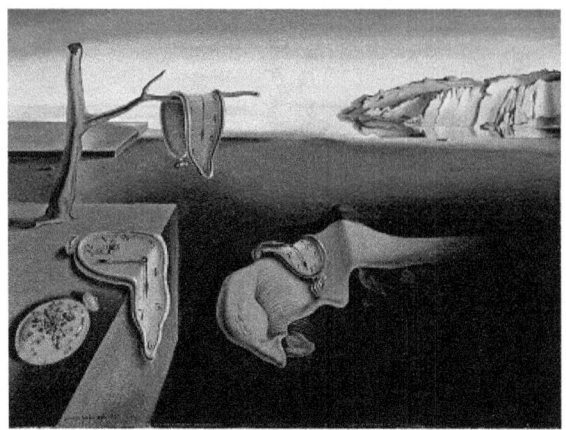

Figura 47. A Persistência da memória, Salvador Dalí

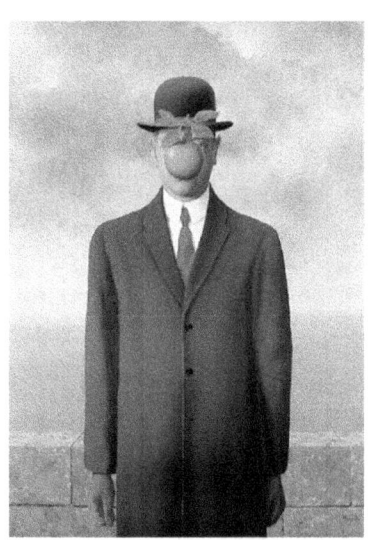

Figura 48. O Filho do Homem, René Magritte

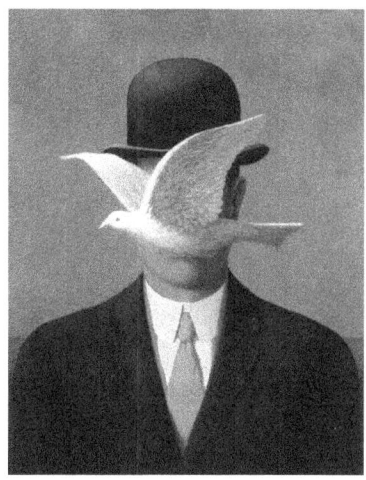

Figura 49. Man in a Bowler Hat, René Magritte

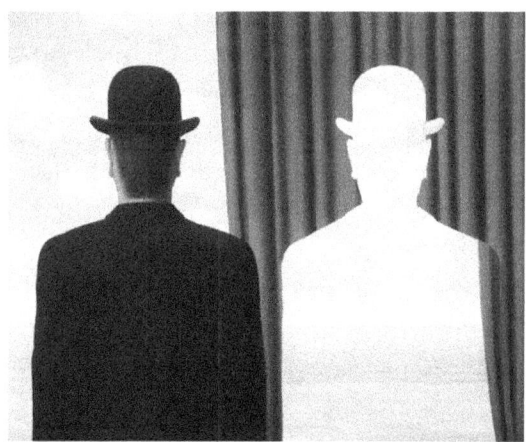

Figura 50. Decalcomania, René Magritte

De Salvador Dalí, a conhecida obra *A persistência da memória* (figura 47), é um perfeito exemplo destas características. Uma paisagem imersa numa narrativa desconcertante e ao mesmo tempo lírica, tanto quanto onírica. Um rosto distorcido, formigas, relógios derretendo, um litoral, uma planície, formas não naturais, escuridão, luz...o observador parece assimilar tudo ao mesmo tempo e ainda assim descobrir mais informações visuais quando detém um olhar mais demorado na obra. Magritte, por sua vez deixou a sua marca registrada com suas confusas, misteriosas e "silenciosas" composições, cujo enigmático e simpático personagem de chapéu-coco e terno (possível autorretrato de Magritte) está presente (ver figuras 48, 49 e 50).

Por mais que tenham muito de oníricas e até melancólicas, as obras da pintura surrealista destes dois artistas seguem um padrão de tendências repletas de signos, que flerta tanto com o figurativismo quanto com o abstracionismo. Há lirismo gráfico com um ar de primitivismo, liberdade e automatismo psíquico. O desenho é valorizado a tal ponto que a impressão que temos ao ver as obras (sobretudo de Dali) é que há uma amálgama perfeita das lições dos grandes mestres do passado ou das academias misturadas às insólitas obras de artistas que já haviam anteriormente pintado a surrealidade, como o renascentista *Hieronymous Bosch* e o contemporâneo deles (porém predecessor), *Giorgio de Chirico* (figuras 51 e 52, respectivamente).

Não é difícil perceber que o movimento acabou por tomar duas formas dentro da pintura. Artistas, como *Joan Miró* e o alemão *Max Ernst*, praticavam a arte improvisada, distanciando-se ao extremo do consciente; já em Dalí e Magritte, percebemos a já citada técnica realista escrupulosa para representar suas narrativas alucinatórias (ver figuras 53 e 54)

Num oscilar entre o Dada e o Surrealismo, vale destacar também as notáveis experimentações fotográficas de *Man Ray*, que manipulava dispositivos de modo inusitados, atribuindo ao resultado destas produções um potencial artístico e expressivo na criação de imagens ambíguas de sobreposições, modelos em poses desconcertantes, distorções formais e outras experiências que geravam sentimentos em formato de imagens, como percebe-se na obra *Minotauro* na figura 55.

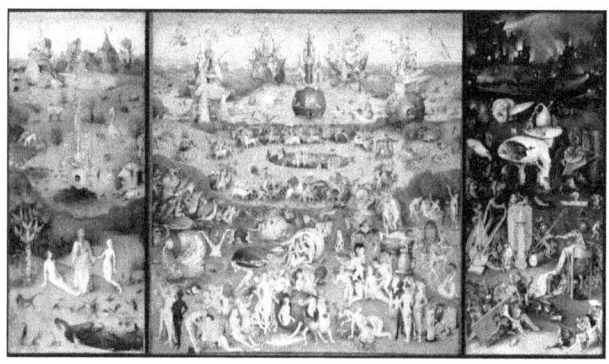

Figura 51. O Jardim das Delícias, Hieronymous Bosch

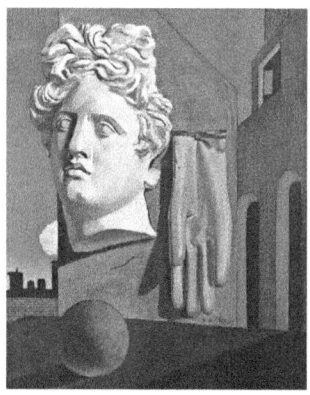

Figura 52. A canção do amor, Giorgio de Chirico

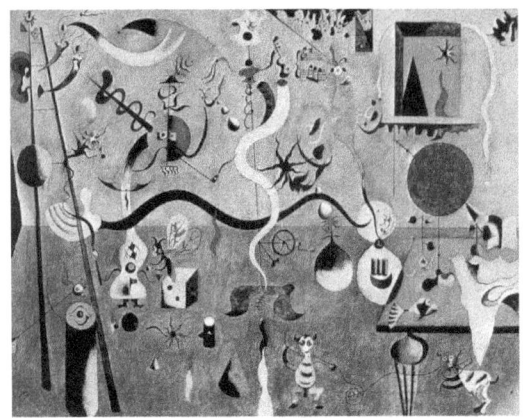

Figura 53. O Carnaval do Arlequim, Joan Miró

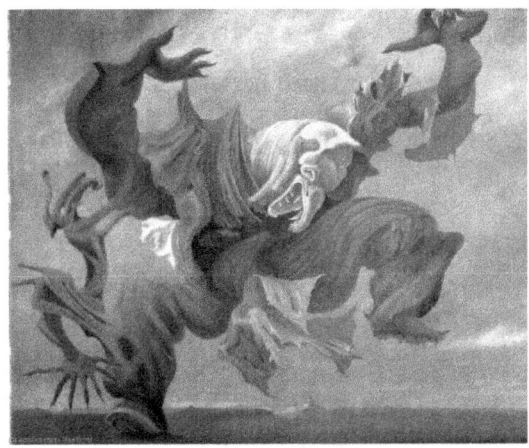

Figura 54. O triunfo do Surrealismo, Max Ernst

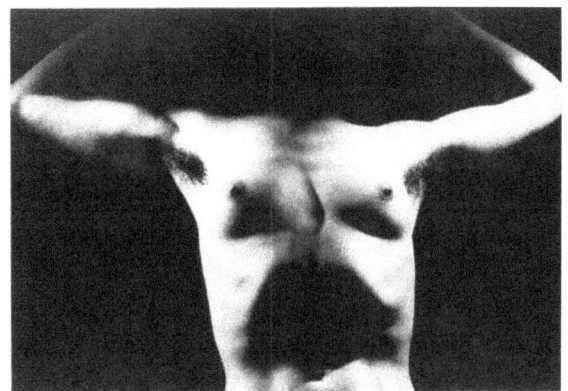

Figura 55. Minotauro, Man Ray

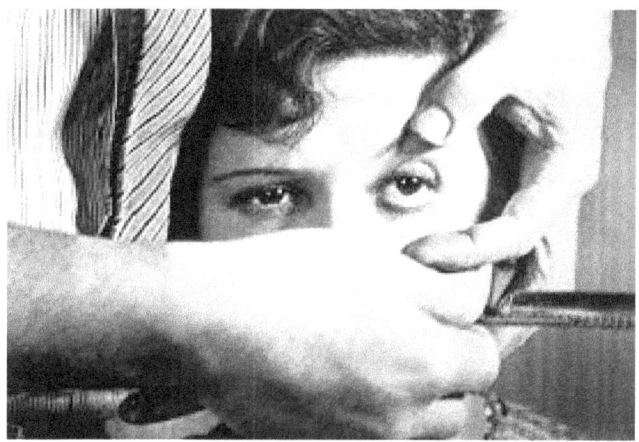

Figura 56. Cena de "Um cão andaluz", Luis Buñuel e Salvador Dalí

O Surrealismo atuou em diversas linguagens, não apenas nas artes visuais, com destaque para a literatura, as artes cênicas e o cinema, mas sempre envolvendo os mistérios dos sonhos, com espontaneidade e com referências simbólicas ao subconsciente. O mais célebre cineasta do Surrealismo foi o espanhol *Luis Buñuel* (1900-1983) que coproduziu em 1928 o curta-metragem *Um cão andaluz*, juntamente com Salvador Dalí. O filme honra os aspectos que demarcam o Surrealismo nas artes visuais. Sem uma narrativa linear, a história é contada de modo confuso e desconexo. As cenas possuem apenas sutis ligações entre si e situações absurdas se sucedem. O espectador sente certo desconforto e angústia pela falta de previsibilidade, como se estivesse num pesadelo. Há uma perturbadora cena icônica, na qual um homem corta com uma navalha o olho de uma personagem. Ela, porém, não parece sentir dor e sequer demonstra alguma reação (figura 56).

Por fim, apesar da aparente despretensão ideológica do movimento em construir nexos com a realidade, é possível extrair algumas mensagens das obras. Dalí, por exemplo, representou em mais de uma obra figuras humanoides com gavetas em seus corpos. É o caso da pintura *Girafa em chamas* de 1937 e da escultura *Vênus de Milo com gavetas*, de 1936 (figuras 57 e 58). Esquecendo a estranheza inicial que as obras nos remetem e analisando-as com maior profundidade, fica fácil extrair sentidos destas obras, quando pensamos no quanto de experiências, segredos, sentimentos e lembranças guardamos em nós ao longo do tempo. Eis a tal persistência da memória, que nomeia a outra famosa obra do artista, a lotar-nos as gavetas da nossa vida efêmera e transitória com bagagens existenciais.

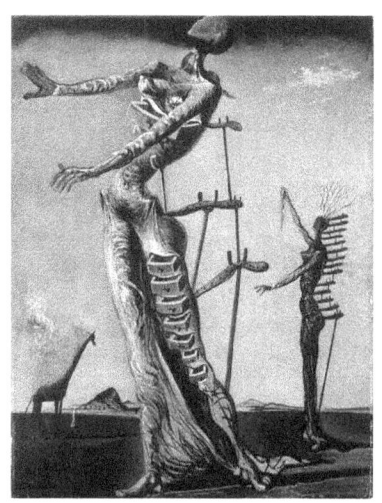

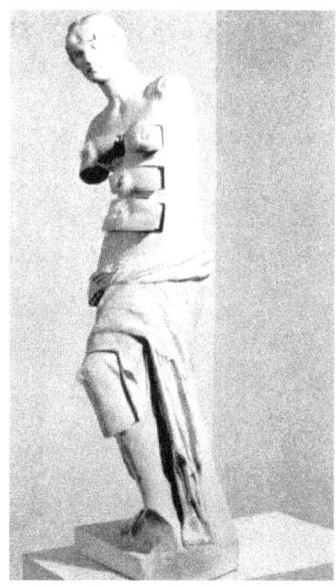

Figura 57. Girafa em chamas, Salvador Dalí/ Figura 58. Vênus de Milo com gavetas, Salvador Dalí

De modo mais profundo e relacionado aos ideais artísticos desta vanguarda, há uma obra muito especial de Magritte com um sentido imensamente criativo e intelectual, que resume toda a essência do pensamento surrealista: *A traição das imagens (isso não é um cachimbo)* de 1928 (figura 59). Usando de técnica acadêmica, o artista pintou um cachimbo e legendou a obra com a frase "Isso não é um cachimbo". Com isso, Magritte fez referência ao seu conceito particular de arte: a arte não é a realidade, nem tem a obrigação de representá-la e menos ainda de fazer sentido. De fato, o que ali temos não é um cachimbo e sim a representação pictórica do objeto. Por mais que exija-nos um certo exercício metalinguístico e auto referencial, onde a arte aborda a própria arte, podemos perceber que, por mais absurdas, oníricas e *nonsense* que as obras surrealistas pareçam a um primeiro momento, há muito que podemos absorver delas para que possamos entender melhor a vida, a arte e o mundo.

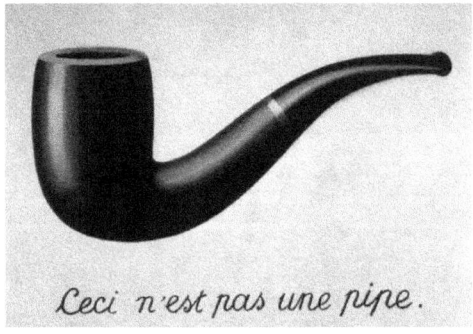

Figura 59. A traição das imagens (isso não é um cachimbo), René Magritte

9

Abstracionismo(s)

Até chegar ás inovações Cubistas e Futuristas, a arte pictórica precisou passar pela ousadia impressionista e sua intensa pesquisa dos elementos que formam a linguagem artística, promovida pela integração entre o olhar, a mente criadora e o trabalho manual. Monet e seus companheiros perceberam que a realidade é transitória, passageira, fugaz, espontânea e efêmera. Diferente de como os saudosistas da arte acadêmica acusavam, os impressionistas não faziam borrões ininteligíveis, nem tentaram destruir a representação artística estabelecida por meio de rebeldia tolas. Pelo contrário, os estudos da cor, da forma e da verdade visual alcançaram novos patamares pelas investigações promovidas pelo impressionismo. Com este movimento, os elementos representativos já não estavam mais acorrentados ao dever da representação, nem a padrões, nem a conceitos e valores que, de certa forma, limitavam a arte. Quando a preocupação com a eloquência das formas, das cores, da linha e dos planos aprofunda-se a ponto de haver uma valorização extrema dos aspectos formais da linguagem artística a ponto de retornar ao seu purismo e essência, os artistas chegaram (ou retornaram) á abstração.

O Abstracionismo objetiva chegar à essência da imagem, libertando-se das convenções representativas. A imitação da natureza cede espaço para a expressão por meio de cores, linhas e pontos, onde os temas desaparecem, importando apenas os efeitos de tons e as texturas. Pintura abstrata, portanto, pode ser definida como aquela em que as formas e as cores não são subservientes á realidade visual. A abstração sempre esteve presente nas manifestações visuais, em variadas culturas e em épocas diferentes, carregando diversos significados ou funções. Podemos exemplificar o uso de padrões geométricos da arte de povos indígenas ou as primeiras manifestações abstratas surgidas no período Neolítico, e ainda os artistas da Idade Média que utilizavam de temas abstratos atribuindo-lhes um caráter religioso. A arte, portanto, sempre esteve a tratar da forma e da cor, mas a percepção de que ela pode ser independente da representação da realidade, ao menos no ocidente e mais precisamente, na Europa, ficou adormecida por um tempo. A arte moderna resgatou o abstracionismo e o levou a um extremo em relação à tradição europeia, que estava há tempos apegada à representação da realidade concreta.

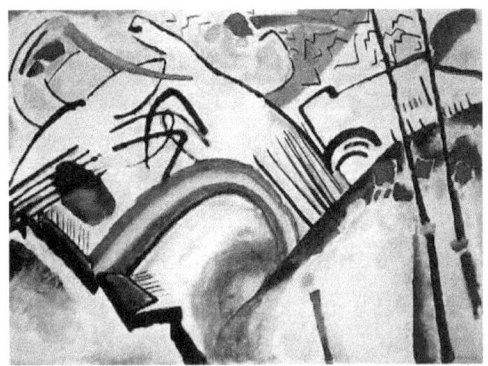

Figura 60. Batalha (Os Cossacos), Wassily Kandinsky

Daí, quando os artistas ousaram apresentar suas abstrações, surgiram as famosas perguntas: 'mas o que representa?', 'o que significa?', 'que figura é esta?' e raramente haviam respostas, já que os questionamentos consideravam apenas o conteúdo, mas não o teor das obras. Valorizar uma obra de arte pelo seu teor composicional e não por seu sentido, nem pelo tema ou conteúdo é o que chamamos de *purismo formalista*: a ideia de que o tema, as figuras e o sentido são supérfluos e devem ser eliminados da obra para deixar apenas os elementos formativos.

O artista abstrato pioneiro do modernismo foi o russo *Wassily Kandinsky* (1866-1944), que percebeu que, mesmo sem referência à figuras, as formas, as linhas e as cores podem expressar sentimentos e ter significados. Kandinsky equiparou a imagem pictórica com a musica instrumental, que é abstrata mas sugere e promove interpretações. Depois de um tempo praticando Abstracionismo ele até parou de nomear as suas obras ou dava-lhes nomes impessoais, como *'composição tal'* ou apenas numerando-as, pois assim acreditava não conduzir o observador a procurar algo da realidade concreta em suas imagens.

Neste momento da arte moderna, passaremos a ter dois tipos de Abstracionismo: o *informal* (também chamado de lírico) e o Abstracionismo *geométrico*. No Abstracionismo informal, predominam formas livres e orgânicas que despertam o sentimento e a emoção, já no geométrico há valorização das formas geométricas em composições organizadas e equilibradas. Kandinsky trabalhará com ambos, inicialmente com o lirismo e depois com as formas geométricas.

Um dos mais simbólicos trabalhos abstratos de Kandinsky é o quadro *Batalha* ou *os Cossacos* (figura 60) de 1910-1911, obra onde ainda é possível identificar formas simplificadas que fazem referências à lanças, montanhas, uma construção como um forte e um arco-íris. Esta tela é uma das primeiras pinturas abstratas da História. O artista encontrava-se em busca de uma arte mais espiritual, que pudesse expressar sentimentos e emoções combinando linhas e cores. É uma obra do período de transição, em que Kandinsky começava a se dedicar integralmente à arte abstrata, porém ainda mantinha alguns elementos figurativos na pintura, como os já referidos e também os três cavaleiros russos com chapéus altos e vermelhos que encontram-se á direita da tela. Estes são os Cossacos que nomeiam a pintura. Nestes primeiros quadros o artista apresenta ainda objetos reconhecíveis que, por si só, garantiam, ainda que de modo superficial, conteúdos formais que davam a segurança de algo que poderia ser aceito como arte.

      Por volta de 1912, ao entrar em contato com o Cubismo, em Paris, Kandinsky, começou a fazer pintura de relevo, com materiais diversos, e suas obras passaram gradualmente a ser completamente abstratas. A partir de 1920 Kandinsky adentra numa fase mais formalista, em que linhas e formas buscam a estrutura da linguagem, utilizando-se de cores sóbrias em composições harmônicas e equilibradas, mais formais e estáticas. Desta fase, temos como exemplo generalizado a obra *composição VIII*, de 1923 onde o artista apresenta uma composição conscientemente equilibrada entre cores, tons e principalmente formas que dão um ar estático à obra. Esta obra é conhecida por ter sido a primeira em que o artista inseriu o círculo, signo frequente da perfeição (figura 61).

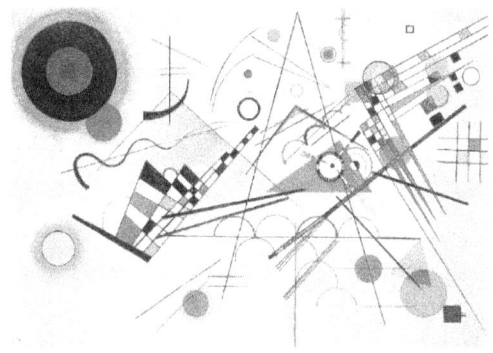

Figura 61. Composição VIII, Wassily Kandinsky

Além de Kandinsky, que partiu das propostas do Expressionismo e do Cubismo, destacam-se ainda *Malevitch* que inspirou-se na simplificação do Fauvismo e foi o maior expoente do *Suprematismo* (vide capítulo 11) e *Mondrian* que também estruturou suas composições a partir das propostas de geometrização cubistas e que é o maior nome do *Neoplasticismo* (capítulo seguinte).

10

Neoplasticismo

O artista holandês *Piet Mondrian* (1872-1944) fez uso do termo Neoplasticismo para descrever suas serenas pinturas abstratas geométricas, que eram essencialmente feitas com linhas verticais e horizontais, geralmente de preto em um fundo branco e usando uma paleta reduzida ás cores primárias, para pintar algumas áreas. Estas obras eram composições claras, diretas, objetivas brilhantes e profundamente equilibradas que trabalhavam com perfeição o purismo formalista e que viriam a influenciar o design moderno e contemporâneo.

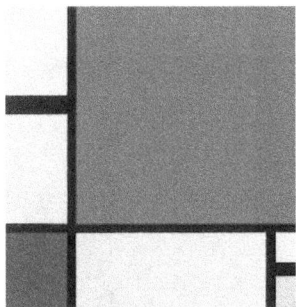

Figura 62. Composição II, em vermelho, azul e amarelo

Na Holanda, em 1917, o pintor, designer, escritor e crítico *Theo van Doesburg* (1883-1931) iniciou a publicação da Revista *De Stij*, (O Estilo), que expressava as ideias de um grupo de artistas e arquitetos. A publicação tornou-se um meio importante para divulgar as ideias de Mondrian sobre arte, onde, já numa das primeiras edições, ele publicou o texto 'Neoplasticismo na Arte Pictórica', no qual justificava sua arte como sendo *"pura representação da mente humana, arte expressada pela forma abstrata esteticamente purificada"*. Ainda segundo Mondrian *"... esta nova ideia plástica encontrará sua expressão purificada na linha reta e na cor primária claramente definida"*, eliminando as pinceladas emotivas e sensuais, as curvas "barrocas", e tudo que fosse valor simbólico e subjetivo proveniente da tradição europeia. Eis uma de suas célebres frases que exprime sua opinião antifigurativa: *"O aparecimento da coisa, impede a emoção da beleza, por isso a coisa tem de se retirada da representação nos quadros"*.

Ressalte-se que o equilíbrio alcançado por Mondrian não é por meio da simetria. Suas obras são assimétricas e é pela harmonia calculada entre cores e linhas que o holandês alcança equilíbrio em sua arte, conforme podemos perceber por meio das obras *Composição II em vermelho, azul e amarelo* e *Composição em vermelho, amarelo e azul* (figuras 62 e 63)

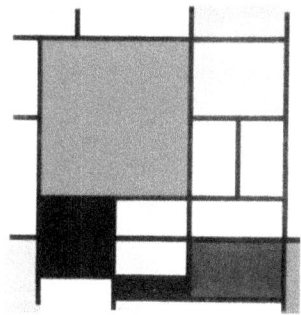

Figura 63. Composição em vermelho, amarelo e azul

Mondrian chamou seu estilo de Neoplasticismo, mas este também ficou conhecido pelo nome da revista, De Stijl, que consistia nesta redução radical de todos os elementos às cores e formas fundamentais, seguindo assim a própria espiritualidade ou intuição do artista. Mondrian acreditava que existiam harmonias universais intrínsecas á ordem espiritual do mundo e queria expor esta crença por meio de sua arte que contava com a estrutura constante de linhas elementares - verticais e horizontais-, e cores primárias: azul, amarelo, vermelho, branco (signo da luz) e preto (signo da ausência de luz), formas quadrangulares básicas, com o estabelecimento de relações métricas de proporções.

De certo modo, o Neoplasticismo é uma revolta moral contra a violência e nacionalismos pregado por alguns artistas, como os futuristas, e tem sua base conceitual na dimensão intelectual da *práxis* artística que tenta alcançar o purismo geométrico por meio do reducionismo técnico.

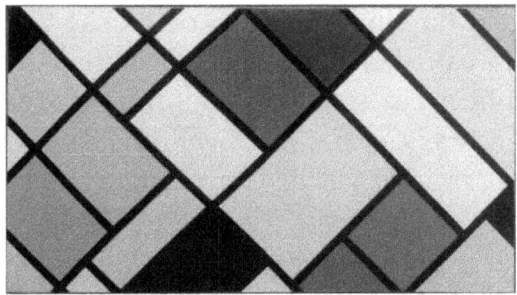

Figura 64. Contra composição com dissonâncias XVI, Theo van Doesburg

Por volta de 1925, porém, *Van Doesburg* passa a inserir linhas obliquas e diagonais em suas pinturas (ver figura 64), fato que Mondrian não interpreta bem e nem concorda, mantendo-se fiel aos ideais de pintura simples e elementar. No entanto, mesmo ele flexionou suas ideais artísticas quando mudou-se para Nova York, no começo da década de 1940, e foi influenciado pelos ritmos e as luzes da cidade, embaladas pela dinâmica do ritmo musical *jazz*, tocado nas casas noturnas. Desta época surgem obras como *Broadway Boogie-woogie*, uma de suas últimas obras (ver figura 65), em que principalmente a antiga faixa preta ganha vida com diversos pontos de cores e a obra neoplasticista deixa sua habitual "imobilidade" e se torna mais dinâmica. Infelizmente Mondrian viria a falecer em 1944, o que deixou o neoplasticismo num estado de inércia, até suas ideias serem ressuscitadas pela indústria da moda, da arquitetura e do design.

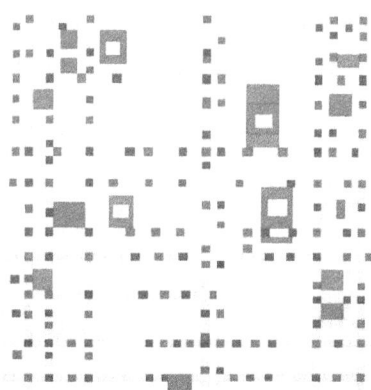

Figura 65. Broadway Boogie-woogie, Piet Mondrian

11

Suprematismo & Construtivismo

As vanguardas artísticas russas, *Suprematismo* (liderado por *Kazimir Malevich*) e *Construtivismo* (cujos evidentes líderes eram *Aleksandr Rodtchenko* e *Vladmir Tatlin*) entrecruzaram-se com a Revolução anti-czarista, na luta pela implementação de uma sociedade mais moderna, industrializada, embalada pelo senso de justiça social, e seguindo parâmetros comunistas.

O Suprematismo foi criado pelo artista *Kazimir Malevich* (1878-1935), nascido em Kiev. Por volta de 1908, em Moscou, ele havia aderido às ideias *cubofuturistas*, e daí veio sua dedicação e adesão às formas geométricas puras. Em 1915 ele publica o livro, *O mundo sem objeto*, lançando assim oficialmente o Suprematismo. Quando, também em 1915, ocorre a última Exposição Futurista, há a apresentação de um folheto que continha o manifesto chamado *Do Cubismo e Futurismo ao Suprematismo*, momento em que se difundem as ideias suprematistas de Malevitch. No mesmo ano a primeira exposição suprematista foi realizada em São Petersburgo, incluindo 35 das pinturas de Malevich.

Malevich aderiu ao extremo rigor da abstração, quando eliminou por completo qualquer representação figurativa, ainda que remota, de imagens da realidade. Para ele, eram os elementos básicos e puros da arte que estavam acima de tudo, inclusive do tema e da figura: "*Por Suprematismo*, escreveu Malevitch, *entendo a supremacia da pura sensibilidade na arte*".

Figura 66. Quadrado Preto e quadrado vermelho, Kazimir Malevich

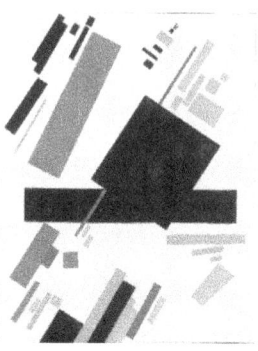

Figura 67. Composição Suprematista, Kazimir Malevich

Malevich busca uma alternativa que tenta libertar a arte das amarras do universo da representação e enxerga na geometria uma supremacia sobre o mundo das aparências. Na fase inicial do movimento, adotam-se formas geométricas simples e monocromáticas, como vermelho, amarelo, verde e azul pintadas sobre um fundo branco (ver figura 66). Na fase mais avançada, utilizam-se formas e composições bem mais complexas, incorporando outras cores, criando situações espaciais que dão uma sensação de movimento (figura 67). No ano de 1915, os conceitos suprematistas de Malevich são materializados num composição absurdamente pura, constituída de um *quadrado preto sobre um fundo branco* (ver figura 68). Com isso, o artista afirma ter alcançado o nível zero da forma e o vazio total do sentimento. Mais tarde ele cria um quadrado branco, ligeiramente diferenciado em tonalidade, sobre um fundo também branco (figura 69). Esta série do *Branco sobre fundo Branco*, segundo os suprematistas, é a ruptura definitiva da barreira da cor, assim como do espaço representacional animado por objetos.

Figura 68. Quadrado Preto sobre fundo Branco, Kazimir Malevich/ Figura 69. Quadrado Branco sobre fundo Branco, Kazimir Malevich

O Suprematismo usou formas abstratas como símbolos da capacidade da humanidade de transcender o mundo natural. A espiritualidade teve um papel notável no desenvolvimento do suprematismo, pois Malevich estava interessado em expressar uma realidade espiritual, além do mundo físico, por meio de sua arte. Malevich, apesar de estar consciente da associação entre revolução e vanguarda, optou por ver a arte como atividade uma espiritual, distante de funções politicas e sociais. Assim, a arte deveria ser antipragmática e não servir a agenda social ou política. O suprematismo criou um novo realismo, apesar de ser completamente abstrato. O Suprematismo questiona as formas de arte tradicionais, inclusive o seu propósito e a sua função, sendo mais que um movimento de arte, uma mentalidade filosófica, um modo espiritual de sentir, como o quadrado preto, seu maior ícone.

A forma, no contexto das vanguardas europeias, inclusive as russas, era elemento de destaque e, por meio de suas diferenciadas abordagens, demonstra como a ideia de formalismo no modernismo não é unificada, existindo, portanto, várias vertentes formalistas, já que as ideias tanto estéticas, quanto politicas variavam entre os artistas. Por exemplo, Kazimir Malevitch e Vladmir Tatlin, têm profundas diferenças ideológicas. O ativismo político-social da ideologia "arte para o povo" dos construtivistas afasta-se bastante do conceito estético de arte pela arte" dos suprematistas.

Apesar de ser uma ideia um tanto utópica e até complicada, neste contexto de mudanças socioculturais e políticas que a Rússia encontrava-se, necessitava-se dar um fim utilitário e um alcance social à arte, que serviria como *"instrumento de educação"* para a população. Assim, o Suprematismo talvez fosse "espiritual demais" para esta função, a ponto de não ter tido um alcance popular. Liderada por *Vladmir Tatlin* (1885-1953) e apoiada por *Aleksandr Rodtchenko* (1891-1956) e *El Lissitzky* (1890-1941), a partir de 1914, essa missão vanguardista e revolucionária passou a ser do Construtivismo. Alinhadas aos ideais emancipacionistas da Revolução Socialista, as ideias dos artistas construtivistas pregaram uma autonomia maior do artista, o extermínio da arte elitista e exclusiva e uma profunda democratização das artes, num sentido de que no estado em que se encontrava, a arte deveria ser eliminada para que nascesse uma nova, em outro formato, que alcance as camadas populares e fosse acima de tudo, funcional.

Daí a utilização pelos artistas construtivistas de pôsteres ou cartazes (figura 70), utilizados como um forte instrumento de comunicação. Na conjugação de imagens e palavras são repassadas mensagens facilmente entendidas, onde até mesmo a fonte das letras utilizadas é direta e prática, com uma escrita sem serifas. O cartaz tornou-se um excelente meio para repassar um ar otimista ao povo Russo. As mensagens transmitiam a exaltação do nacionalismo, o fortalecimento dos ideais de igualdade e vitória e, até mesmo, um desprezo por ideias dos "inimigos" da URSS. Isso ocorre num momento de evolução tecnológica em que impressão de cartazes como instrumentos persuasivos tem significativa melhora na qualidade das imagens.

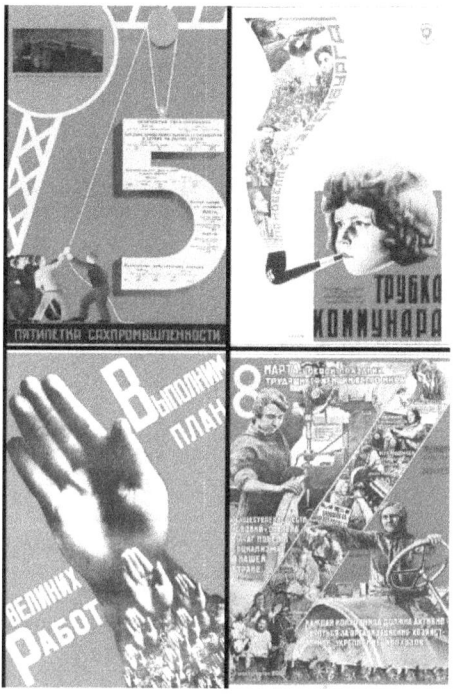

Figura 70. Cartazes do Construtivismo Russo produzidos com a técnica da fotomontagem.

Lila Brik, que foi amante do poeta russo Maiakóvski, tornou-se uma musa tanto para ele quanto para Rodchenko. De beleza notável e com espírito revolucionário, ela inspirou muitas obras dos artistas construtivistas, que passaram a usar sua imagem em fotomontagens para cartazes, panfletos e publicações, criando algumas das mais simbólicas imagens da arte soviética. Sem dúvida, o mais memorável retrato que Rodchenko fez de Brik está em um cartaz que ele produziu em 1924, onde ela aparece com as mãos em concha sobre a boca, gritando "LIVROS" (figura 71).

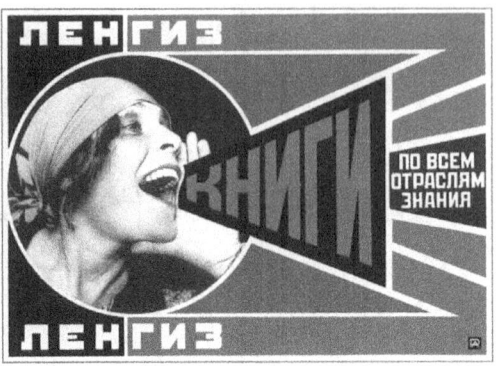

Figura.71. "Livros", cartaz constritivista, Aleksandr Rodtchenko

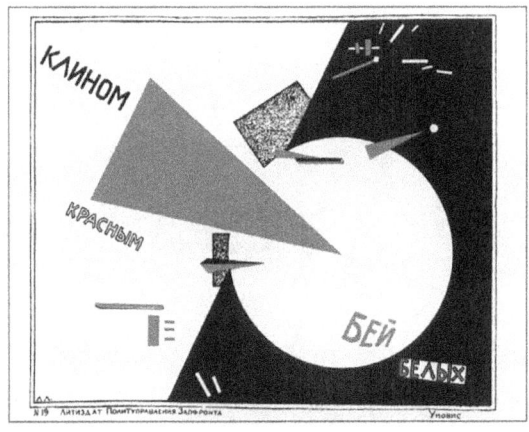

Figura72. Golpeie os brancos com as cunhas vermelha, El Lissitzki

Outro icônico exemplo do Construtivismo é o cartaz sobre a Guerra Civil Russa feito pelo artista El Lissitzky, *Golpeie os brancos com a cunha vermelha* (figura 72) combinando formas de estilo suprematista com uma tipografia com sutil influência dadaísta, para transmitir uma mensagem política. El Lissitzky denominava suas produções técnicas como *Prouns* (Projetos para a Afirmação do Novo), como "um ponto de intercâmbio entre pintura e arquitetura".

A estética destes pôsteres tem uma influência imensurável no design moderno e pós-moderno e além disso, serviu de inspiração para muitos artistas pelo mundo. Comparemos, por exemplo, o *cartaz construtivista de 1930 em homenagem ao dia internacional da mulher trabalhadora,* de autoria da artista *Valentina Kulagina* (1902 – 1987) com a obra *Os operários* de 1933 de *Tarsila do Amaral* (figura 73), artista importantíssima do modernismo brasileiro, e veremos uma clara referência da arte russa em nossa arte nacional.

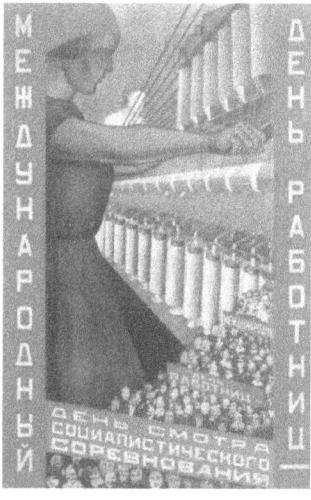
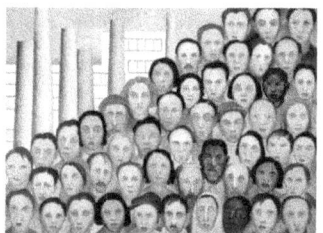

Figura 73. Comparação da obra construtivista em homenagem ao dia internacional da mulher trabalhadora, de Valemtina Kulagina e a obra Os operários, de Tarsila do Amaral

As origens estéticas e conceituais do Construtivismo surgiram na primavera de 1914, quando o ainda marinheiro, mas já artista, Tatlin foi conhecer o ateliê de Pablo Picasso em Paris. Tatlin ficou obcecado pela ideia de transformar os planos pintados das obras cubistas, em *"materiais reais em um espaço real"*. Cogita-se que ele tenha contemplado as obras escultóricas de Picasso, como *Violão*, de 1914 (figura 74) uma composição feita de folhas de metal e arame.

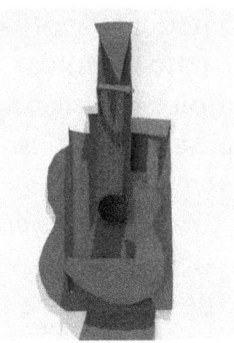

Figura 74. Violão, Pablo Picasso

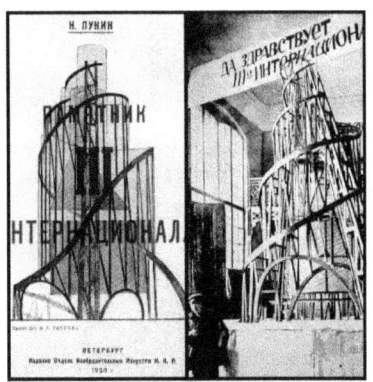

Figura 75. Pôster e maquete do Monumento à Terceira Internacional, Vladmir Tatlin

O movimento prezava pelo uso de materiais novos para as obras de arte, materiais que fossem próximos da realidade da população trabalhadora. Deste modo o metal virou matéria-prima para a criação de obras abstratas, ou "construções", como prefeririam chamá-las (vem daí o termo Construtivismo) e não esculturas. Havia também a proposta de amálgama das linguagens artísticas: pintura, escultura e arquitetura, que tem como perfeito exemplo o *Monumento à Terceira Internacional* (figura 75). A figura mostra a maquete de um monumento dedicado ao terceiro encontro de comunistas de diversas regiões do globo, em 1919, em Moscou, nomeado de A Terceira Internacional. O autor da obra foi Tatlin. O prédio deveria ter uma torre de 400 metros de altura, toda feita de aço, num formato de espiral. Na parte interna ficariam suspensos três grandes volumes transparentes, a saber, um cilindro, uma pirâmide e um cubo, cada destes um girando em velocidade diferente. No entanto, o projeto ficou somente na maquete, pois o monumento nunca foi construído, devido aos seus altos custos de produção. Ainda que não realizado, pelo seu projeto podemos perceber que o monumento de Tatlin é contrário ao purismo formal suprematista.

A adesão dos artistas às ideologias políticas é compreensível, visto o contexto. Os construtivistas estavam empolgados com o espírito da era industrial, que mesclado às inovações vanguardistas, apresentavam a busca por uma nova sociedade. Com o Construtivismo, a negação da arte realista e a pregação de uma arte prática e útil para o povo, surge o *design funcionalista*. Os construtivistas acreditavam que o artista como um ser extraordinário, dotado de um raro dom não mais existia, e que o futuro seria o socialismo, embalado pelo desenvolvimento industrial e tecnológico, em que ferramentas e técnicas artísticas deveriam ser democratizadas, estando ao alcance de todos.

Abaixo, o quadro aborda de forma bastante genérica as principais características do Construtivismo Russo:

- *Utilização constante de elementos geométricos;*

- *Uso de cores primárias (principalmente vermelho);*

- *Valiam-se de fotomontagens;*

- *Utilizavam tipografia sem serifa (principalmente nos cartazes);*

- *Apoio ao governo e ao sistema (artistas chegaram a trabalhar nas agências estatais.*

12

Bauhaus

A *Bauhaus* foi uma escola alemã de artes aplicadas, principalmente as artes plásticas, a arquitetura e o design, a qual projetou enorme influência na arte e na estética moderna. As pesquisas abstracionistas foram aplicadas de modo notável na referencial escola Bauhaus. O modelo educacional e artístico deixado pela Bauhaus para as escolas modernas de arte priorizava o uso criativo do saber artesanal, legado das categorias tradicionais de arte que perdurou até o modernismo. A história da Bauhaus é longa, interessante e conta com diversas fases, tendo seu Manifesto e Programa estabelecidos pelo arquiteto *Walter Gropius* (1883-1969), em 1919.

A escola contou com grandes professores e artistas que lá se formaram como: além de Walter Gropius a Bauhaus teve os arquitetos *Ludwig Mies van der Rohe* (1886-1969), *Hannes Mayer* (1889-1954), o escultor e artista plástico *László Moholy-Nagy* (1895-1946), o designer *Johannes Itten* (1888-1967), e até mesmo os pintores *Paul Klee* (1879-1940), *Wassily Kandinsky* e o notável arquiteto e designer *Marcel Breuer* (1902-1981), autor das famosas cadeiras e móveis de aço tubular e tecido com visual minimalista (ver figura 76).

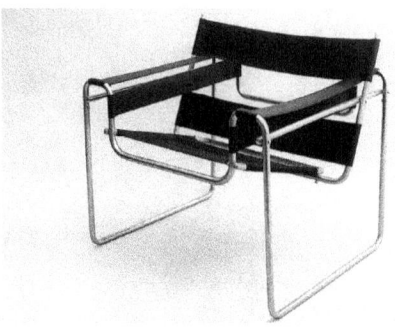

Figura 76. Poltrona dobrável de aço tubular, Marcel Breuer

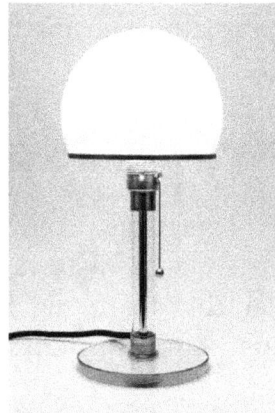

Figura 77. Luminária Wagenfeld, Wilhelm Wagenfeld

Com uma missão bem específica de "dissolver as fronteiras entre o artista e o artesão", unificar e democratizar todas as artes, no intento de construir uma sociedade melhor, a Bauhaus foi o resultado da mente visionária de Gropius. Da escola alemã saíram produtos que se tornariam ícones do design moderno, porém entende-se que é mesmo no campo conceitual que reside seu maior valor histórico. Os alunos da Bauhaus passavam por oficinas variadas de artesanato para obterem maior familiaridade com os materiais, suas qualidades intrínsecas e suas possibilidades criativas, para a partir daí poderem ser trabalhados em consonância com os aprendizados teóricos. Da amálgama entre a arte e a indústria, ideia iniciada pela escola Bauhaus, viria a ascensão do que hoje se chama de *desenho Industrial*. Além das artes plásticas, arquitetura, escultura e design, a escola também ofertava cursos de teatro, dança e fotografia. Havia até mesmo aprendizagem complementar de noções de previsão de custo e orçamento de uma obra.

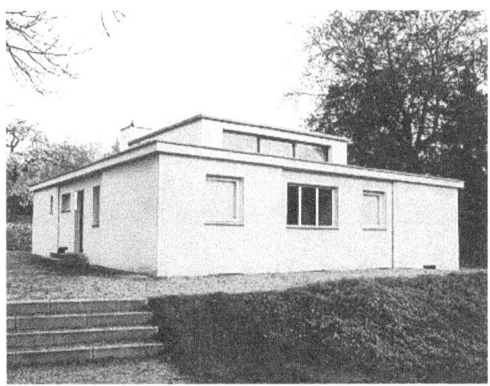

Figura 78. Haus am Horn em Weimar, Georg Muche e Adolf Meyer

A Bauhaus desenvolveu um método de ensino revolucionário na busca por eliminar a barreira entre trabalho manual e trabalho intelectual. Existe um fundamento altamente democrático nessa visão de que ambos andam juntos, em escalas um pouco distintas, porém, sendo funções igualitárias.

O *estilo Bauhaus* de design envolvia linhas retas, formas geométricas e simplicidade visual e prática. Prezava-se pelo pragmático e utilitário, desde o design de uma luminária ao modelo de uma casa (ver figuras 76 e 77). Houve a inserção de materiais como vidro, concreto, madeira e aço nas produções da Bauhaus. O modernismo da escola propunha também casas simples, padronizadas e modestas para trabalhadores, que seriam eficientes, acessíveis e bem projetadas, construídas com rapidez e a baixo custo. Para tanto, a produção em série era a palavra de ordem.

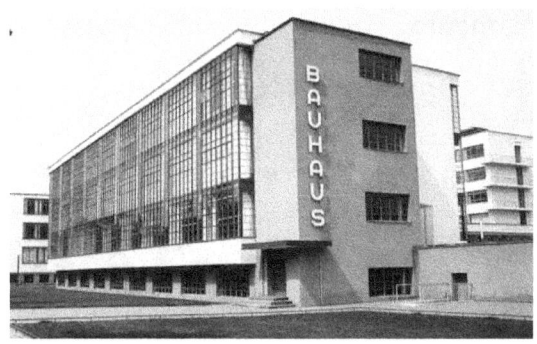

Figura 78. Sede da Bauhaus em Dessau, Walter Gropius

Considerada a primeira escola de design no mundo, a Bauhaus surgiu primeiro na cidade de Weimar, na Alemanha. Mas a escola precisou mudar de lugar duas vezes por conta de perseguição política devido à expansão do nazismo: em 1925 é construída a escola Bauhaus na cidade de Dessau, um marco do funcionalismo arquitetônico, seu mais famoso prédio, projetado por Gropius (ver figura 78). Em 1932, mudam-se novamente para Berlin, tentando funcionar como uma escola particular. Em 1933, por causa do crescimento irrefreável do Nazismo, a escola encerrou suas atividades e seus professores e alunos migraram para outros países da Europa e muitos para os EUA. Apesar do fechar a escola, o governo nazista jamais conseguiria conter as ideais pregadas pela escola, e estas já estavam espalhadas pelo mundo por meio de seus professores e alunos.

Em síntese, a Bauhaus propunha a integração entre "belas-artes", indústria e "artes decorativas", fazendo da arte uma atividade adequada ao modo de vida do século XX. Seu grande objetivo era adquirir uma reputação que viesse a influenciar no trabalho dos artífices e da indústria que criavam os modelos dos objetos da vida cotidiana industrializados.

Ressalte-se que, infelizmente, nem todas as metas de Gropius se cumpriram, como o conceito das oficinas, concebidas como laboratórios experimentais para impulsionar a fabricação dos itens *made in Bauhaus* em escala industrial. Ao invés de se tornarem *"arte funcional para o povo"*, como sonhava o fundador, os produtos continuavam exclusivos e artesanais, acessíveis somente aos ricos. Suas casas, apelidadas de *"caixas de vidro"*, inclusive fazem bastante sucesso atualmente e são reconhecidas agora como casas de luxo, requinte e bom gosto estético.

Nota final e referências

Para mim, produzir uma obra como esta é uma ousadia. Por mais que eu seja especialista diplomado em História da arte, sou também um singelo professor de Ensino Médio, que vive em um dos mais pobres estados brasileiros e que não teve nenhum contato direto com as obras aqui citadas, nem mesmo as de artistas nacionais ou que já tenham passado por aqui em eventuais exposições. Propor-se ao trabalho de lançar um livro que tem notáveis e gigantes "concorrentes" de renome de nível mundial e reputação teórica incontestável é um tanto arriscado, tanto que optei por atribuir a esta obra nada mais do que um caráter introdutório e uma alternativa mais simples, e consequentemente, mais econômica, para aqueles que têm interesse no assunto. Nem por isso, modéstia à parte, está é uma obra pobre de informações ou duvidosa, pelo contrário, é o esforço sincero e competente de alguém que fez uma intensa pesquisa, leva muito a sério a História da Arte e vê que esta área do conhecimento projeta muitos valores para que tenhamos todos uma melhor compreensão de mundo.

Encontrei uma dificuldade imensa para delimitar por onde começar e quando terminar. Eu gostaria de ter abordado mais temas, principalmente aqueles ligados ao design (*arts & crafts; art nouveau; art decó*), assim como gostaria de ter inserido um capítulo especial para tratar do tema *modernismo no Brasil*, mas tive receio de alongar demais o livro e perder o foco da obra. Ainda assim, levarei em conta possíveis *feedbacks* dos leitores e considerarei incluir estes e outros pontos em próximas edições.

Difícil foi tentar conciliar uma escrita que pudesse ser acessível tanto a um entusiasta das artes, meramente curioso, quanto a um acadêmico que necessitasse de informações seguras e técnicas para obter conhecimentos sobre a arte moderna, mas creio que fiz o melhor, dentro dos limites do possível, para que estas informações aqui constantes fossem inteligíveis a qualquer tipo de público leitor que tenha me dado a honra de ter adquirido e lido este trabalho.

Por fim, destaco que o mais complicado aqui foi contextualizar as muitas informações sobre os movimentos e artistas modernos, dando ao texto sentido e conexões lógicas. Foi por querer deixar o texto fluente e direto que optei por não inserir citações neste livro, mas é óbvio que um trabalho assim não é feito sem consulta aos grandes nomes da História da Arte. Deste modo, deixo abaixo as referências que foram direta ou indiretamente por mim utilizadas, para que o leitor que desejar, possa aprofundar seus conhecimentos acerca do tema aqui tratado.

Edvaldo Carvalho, fevereiro/março de 2022.

1. ARGAM, Giulio. Arte Moderna. São Paulo: Cia das Letras, 1992.
2. BURKE, Peter. Testemunha Ocular: o uso de imagens como evidência histórica. Tradução de Vera Maria Xavier. São Paulo: Unesp, 2017.

3. CORTELAZZO, Patricia. A história da arte por meio da leitura de imagens. Curitiba: IBPEX, 2008.

4. DE BOTTON, Alain; ARMSTRONG, John. Arte como terapia. Tradução de Denise Bottmann. Rio de Janeiro: Intrínseca, 2014.

5. FARTHING, Stephen. Tudo Sobre Arte. Tradução de Paulo Polzonoff Jr. Et al. Rio de Janeiro: Sextante, 2011.

6. GOMBRICH, Ernest H. A História da Arte. Tradução de Cristiana de Assis Serra. Rio de Janeiro: LTC, 2013.

7. GOMPERTZ, Will. Isso é Arte? Rio de Janeiro: Zahar, 2013.

8. JANSON, H. W; JANSON, Anthony F. Iniciação à História da Arte. Tradução de Jefferson Luiz Camargo. 2. Ed. São Paulo: Martins Fontes, 1996.

9. KANDINSKY, Wassily. Ponto e linha sobre o plano : contribuição à análise dos elementos da pintura. São Paulo: Martins Fontes, 2005.

10. LITTLE, Stephen. ... ISMOS. Para entender a arte. Rio de Janeiro: Editora Globo, 2013.

11. PROENÇA, Graça. Descobrindo a história da arte. São Paulo: Ática, 2008.

12. _____. História da arte. São Paulo: Ática, 2011.

13. REIS, Eliana Vilela dos. Manual Compacto de Arte. São Paulo: Ribeiro, 2010.

14. STRICKLAND, Carol. Arte comentada: da pré-história ao pós-moderno. 8. Ed. Tradução de Angela Lobo de Andrade. Rio de Janeiro: Ediouro, 2002.

15. TOLSTOI, Leon. O que é arte?. São Paulo: Ediouro, 2002.

SOBRE O AUTOR

Edvaldo do Nascimento Carvalho é graduado em Licenciatura em Artes Visuais pela Universidade Federal do Amapá – UNIFAP e MBA em História da Arte pela Universidade Estácio de Sá – UNESA. É casado, mora em Santana – AP, atua como professor de Arte na rede estadual de ensino do Estado do Amapá e eventualmente escreve matérias para a Revista DasArtes. Com exceção de seus artigos voltados para o Ensino de Arte na Educação Básica esta é sua segunda publicação editorial, sendo seu primeiro livro Jesus na História da Arte, também uma produção independente.

www.ingramcontent.com/pod-product-compliance
Lightning Source LLC
Chambersburg PA
CBHW070111230526
45472CB00004B/1220